馬斯洛與其「自我實現理論」

—— 趙迺定文論集（二）

趙迺定 著

文 學 叢 刊

文史哲出版社印行

國家圖書館出版品預行編目資料

馬斯洛與其「自我實現理論」：趙迺定文論
集（二）／ 趙迺定著.-- 初版 -- 臺北市：
文史哲, 民 102.03
　　頁；公分（文學叢刊；284）
　　ISBN 978-986-314-094-8（平裝）

855　　　　　　　　　　　　　　102001709

文　學　叢　刊　₂₈₄

馬斯洛與其「自我實現理論」
── 趙迺定文論集（二）

著　　　者：趙　　　　迺　　　　定
出　版　者：文　史　哲　出　版　社
　　　　　　http://www.lapen.com.tw
　　　　　　e-mail：lapen@ms74.hinet.net
登記證字號：行政院新聞局版臺業字五三三七號
發　行　人：彭　　　　正　　　　雄
發　行　所：文　史　哲　出　版　社
印　刷　者：文　史　哲　出　版　社
　　　　　　臺北市羅斯福路一段七十二巷四號
　　　　　　郵政劃撥帳號：一六一八○一七五
　　　　　　電話886-2-23511028・傳真886-2-23965656

定價新臺幣二○○元

中華民國一○二年（2013）三月初版

ISBN 978-986-314-094-8　　　　08284

馬斯洛與其「自我實現理論」

── 趙迺定文論集（二）

目　　次

4　馬斯洛與其「自我實現理論」

我的文論集（代自序）

　　我喜歡思考，我喜歡創造，我也喜歡寫作。

　　所以，不管是對文學性作品的創作或是對專門性、專業性的學術研究等，其實，對我來說，我都會樂此不疲的。

　　我經常會沈湎於寫作與孤獨思考之間，而悠然忘卻了時間的流逝；所以，確然的，有很多外在的俗事、俗務，有時對我來說，那只是一片的浮雲而已，它飛它的天空，我走我的陽關道，互不干涉的。

　　很早以來的，我就知道我特別喜歡改進與創造性工作。

　　所以，在職場上謀生度日的時候，我就常會將原有的規定、程序或表報格式等的，加予研究改進。我會將之予以美化或合理化或使其合於時代朝流與邏輯性，而且又兼具簡明、整潔、美觀、分類互斥妥適。也就是說，我是經常處於改進與創造的躍動狀態之中的；雖然有時那只是一個微不足道、小小的改進而已，然而對我已然是大大滿足。舉一個小小的例子來看，在公部門的年度「自我考評」項目上，我就率先自己增加了「研究改進」的一個評分項目，並將我已簽辦修改核定的規定法條列了進去，以凸顯我對研究改進的重視面。而後來呢，隔一年的「自我考評」項目上，隨即也增加了這樣的一個評分項目，並且要各單位陳報彙總。

　　我不喜歡蕭規曹隨的作爲，除非那是不能變動的鐵律。但是，人間的鐵律，除了死亡以外，似乎再也沒有第二個項目了，而只有易改進、難改進與權責歸屬的問題而已了。

　　無可否認的，在改進方面，我也會有失手或者畫蛇添足、失誤之處的。舉個例來說，有一個表格，條列了一些大項目，而那個表格是屬於報告式的，各細目都是另行列入的，且並無任何標題的提示，而我將之改爲餘額式，亦即將之改爲「上期餘額＋本期增額－本期減額＝本期餘額」，從而由報表中即可看出其增減變化的端倪。

　　我所以要如此的改進，係因學過會計學的人，一看到報表即可知道其增減變化的了，較諸於純粹的說明式報告，總要多費唇舌的去描述，而又不一定說得清楚，來得強一些。卻沒想到同樣的東西在某一個保管單位的存量達千萬兩之多，而卻另有一個單位則也有不足一兩的存量，而我竟將之疏忽了，所以那個報表就是有錯誤，雖然那個誤差只有不足一兩而已；然已構成報表不正確之誤了。但是，這也不能怪罪說是改進理念之過失；而只能認爲是我的疏忽而已。

　　而後來呢？那不足一兩的存量，就以內部往來的方式撥交權責單位去保管了。其實，那一筆帳，僅是大野獸的一根汗毛而已，懸掛數十年之久卻無人聞問改善，足見大多數的人，都是多一事不如少一事，抱著因循苟且的心理而活的。

　　所以，對於能具有改進的思想與意願的人，我仍然要禮讚他，因爲那是一個非常美好的人格品質。

　　而直到最近的，我研究了馬斯洛的「自我實現理論」，我才知道那種個性原來就是馬斯洛（Maslow）所謂的具有「自

我實現能力」的人了。而且那是一種可取的能源，正面的力量，正可以促進這個世界更為安樂、健康與進步的力量。

誠如馬斯洛所說的：「我是越來越清楚的看到了，在人的身上有著無限潛能存在著的；而如果能夠適當的予以運用的話，人的生活就會變得像夢幻中的天堂一樣的美好了。」

我在職場工作的時候，我也研究過會計作業處理程序、電腦稽核事務處理程序、票信管理制度、市場操作等，同時也得過許多的著作獎，也提過許多的建議與改進事項，修訂過許多的法規與法條。其實，好漢不提當年勇的，我不應該在這裡「夸乎其辭」的；而我為何還會提出來的呢？主要的是，有虧待！以及證明我現在的研究心態，也是其來有自的，並非天上突然掉下來的。研究與發展，原本那就是我的強項與很美好的品質特性。

雖說我得過許多的著作獎，而那些著作獎都是由學術界的教授所評選的。然仍有許多的人很酸，回想當時的情景，那時還是會有許多的人會這樣的說：「你那個研究，我們看過了，當時我們也是這麼的想過了。」或者「他就只關心他的研究而已」等的，而就那麼樣的一筆勾銷的，就抹殺了對方的辛勞、成果與智慧了。

其實，要真的換由講話的人去做做看，那還不知道會到什麼時候才能完成的，或者真的做得出來的，或者其品質又是如何的。向來的，我們的社會就是充滿惡意批評與帶著有色眼鏡、喜歡鬥爭與打擊他人的人。

或許可以這麼說的，難道我把上班時空閒的空檔時間，用來與他人說東道西的，或是說長道短的，批評這個、那個

的或者抓著電話逞口舌之快的閒聊終日，而那才是好的嗎？而那才叫做合群的嗎?我深切的認爲，上班時間是公部門的，所以其言行都要是公部門的，至少要儘量爲公部門的事務工作，而非耗在私務上或言不及義上。

　　其實，很簡單的一個道理，講那種話的人，只是欲加之罪何患無辭而已！是一種中傷、打擊、排擠，那是要你生就有你生的理由，要你死就有你死的理由。

　　而所謂的理由，只是在於他個人的私心所決定的，而不是在於是否合於天道人倫，公平正義的。突然的，我懷念起那由發行台幣的單位來的長官，他的私心似乎欠缺一些，而且一切作爲以屬下的努力爲基準，雖然我也不熟悉他。人生的際遇與突發事件有時其關聯性是非常高的，而生死愛恨情仇，有時也決定於一煞那間與蝴蝶效應的了。

　　確然的，我一直有一些「菁英主義」的思想存在著；雖說服膺權威是不合人文素養思想的。而且此處我所謂的權威，並不是官的大小，職位的高低的；而是在那個領域的研究上的權威性。

　　我一直認爲，除非與被批評者實力相當或同是個中研究者或愛好者，也就是說除非同爲門內人的，否則應是不便表示意見的。可惜在我們的社會裡，就是有許多的夜郎自大者存在著，不管是知道的或是不知道的，他們總是要插上一腳的才過癮，或者才足以顯示其權威性所在。還有的，就是喜歡掠人之美或者分一杯羹的，別人的研究成果據爲己有或者說自己也有相當功勞的，好像自己真的有那麼樣的智慧或了得或努力的一樣了。

在我們這個社會裡，有太多的事物是我們所不懂的，所不瞭解的。所以我也不太會隨意的去批評它們，我會承認我的不懂。而承認事實的狀況，對我來說，那也不是一件什麼羞恥或困難的事情，見不得人的事情。

通常的，我會直接了當的表示，我會說我不懂。因爲我知道世界上的學問與經驗見識是太多的了，一個人就是窮其「三生」之力的，也不能夠什麼都知道的，或者什麼都懂得的。也所以才會有大智慧者的「大貓走大洞，小貓走小洞」的想法存在了。

所以由此可見的，所謂的什麼「上通天文下知地理」、「博古通今」的讚譽，那是不可能的事情，而且也是夜郎自大的心結而已；也所以，對許多的事情來說，我是會閉上我的鳥嘴的。

這個集子，算是我的文論集的第二集；在這個集子裡，我就只收錄了一篇我的研究報告，而那就是馬斯洛與其「自我實現理論」。所以第二集的書名就訂爲《馬斯洛與其「自我實現理論」 —— 趙迺定文論集（二）》了。同時，該文集也是核屬編著性質的。

早在五、六年前的，我就注意到馬斯洛了，而當時我就認爲馬斯洛的積極人生是值得推薦的。所以我就運用我的讀書研究、綜合分析、統合歸類；以及文筆統御能力，再加上自己的研究心得等的，予以編著撰述而成。

在我的第一本文論集《人生自是有路癡 —— 趙迺定文論集（一）》裡，其中的內容，包括：「人生與我」輯，寫〈人蚊大戰〉、置身 SARS 死亡威脅記的〈曾經死生〉、路癡記的〈人生自是有路癡〉、中風記的〈急驚風遇上慢中風〉及

〈風中不殘燭〉二篇，合共五篇，此均爲在人生的旅途裡，我所面臨過的遭遇或作爲或聽聞。

而「音樂・舞蹈與運動」輯，則寫了〈我賺了一個女兒〉及〈葉石濤與音樂素養 ── 葉石濤前輩逝世紀念文〉及〈愛・性與神秘 ── 印度舞與中東肚皮舞〉等三篇。

至於「評選雜記」輯，則是參與農委會林業試驗所舉辦之「台北植物園新詩徵選」及「2009 年蓮華池螢火蟲季新詩徵選」及新港文教基金會辦理的 2009 閱讀達人「最愛新港」徵文之評選後記，及〈評選後記之我思〉等共四篇。

此外「土地倫理」輯，則有〈詩人與森林之我思〉、〈天然林・土地倫理與土地倫理詩歌〉及〈『笠』與土地倫理〉等三篇，旨在闡述森林、天然林及土地倫理之重要性，希冀人人能善待自然生態、土地環境、生命永續、環境永續，而能與大自然和諧相處，善待萬有及大自然界，至於「其他」輯，則有〈兼容並蓄〉一篇，敘述不要排拒外來文化的傳入與融入，也就是社會要能多元文化的融入，才能使其經濟力加強，社會福祉強化，文化發展大放光彩。

其實個人從事文學創作，自 1961 年首篇詩作品發表於《自由青年》以來，寫作歷史已歷半個世紀之久，其間對詩、散文、小說、兒童文學及評論等，均有所涉入。

並已於 1975 年結集出版《異種的企求》詩集；而自 2011年以來，則又已陸續出版《鞋底・鞋面》詩集及《南部風情及其他》散文集等二集；而在 2012 年則已結集有《麻雀情及其他》散文集、《森林、節能減碳與土地倫理》詩集、《賞析詩作評論集》、《賞析詩作評論集（二）》及《人生自是

有路癖》文論集等五集，以上均屬個人已於報章雜誌發表過的作品之結集。

　　而若就單篇論著來看，或許拙著文論集（一）的〈天然林‧土地倫理與土地倫理詩歌〉及〈『笠』與土地倫理〉以及《賞析詩作評論集》最後一篇〈文學、藝術與人文素養〉，還有即將編著結集發表的《賞析詩作評論集（三）──現代主義及現代主義文學並評析黃荷生《觸覺生活》》內相關的現代主義及現代主義文學，以及本集編著的《馬斯洛與其「自我實現理論」──趙迺定文論集（二）》的文章，具學術研究價值，似可多加參考。

　　而這也是在說明，上項那幾篇文章的研究，也都是有脈絡可循的，那是一系列延伸下來的研究，從「人文素養」，而「土地倫理」，而「人文主義」，都是環繞在如何做人的範圍內打轉的。

　　本集的編著，業已歷經五、六年的歲月，係斷斷續續的增刪、潤文、研究而成的。日前和一位大二學生鄭同學談到馬斯洛，我說我正在研讀馬斯洛的「自我實現」理論，想要推薦馬斯洛的積極人生觀。她說馬斯洛在小學和國一的公民課本上也有介紹，那就是用正三角形模型介紹的。想來將之列入課本，大家研讀，必也是因為他的積極人生觀對社會是正面力量所致。而這也讓我警覺到我是離開教育體制太久的了，所以完全沒有發現到其變化之快速。但這並未讓我有打消研究的念頭，反而促使我有收集更多資料的衝勁。

　　回想小時，我對哲學的探討，雖說那時是矇矇矓矓的，然我確信我是較喜歡老莊的哲學的。

　　就我的個性來看，我不喜歡法條的束縛、世俗的規範，我崇尚自然、天真與純樸；當然啦，我也會儘量的守法，以免失去更大的自由。而就謀生工作上來看，我最在乎的是依法辦理與按制度與規定辦事；我並且深信大家依制度與規定自行運作，當主管的並不需要好像抓賊一樣的整天監控著，而業務一樣可以合法、合理、順暢的進行，因爲我認爲大家都是善良的，只要人人有善心善根，無爲而治亦無不可。

趙迺定　謹誌　2012.12.25

馬斯洛與其「自我實現理論」節略

　　人喜群居，都市化才會快速崛起，而群居社會唇齒相依，兼且時代變遷快速，要如何與他人、自然、自我相處就是重要課題。馬斯洛人文主義闡述人性哲學，肯定向善本質，而該本質是積極作為，正可促進世界走向安和樂利。

　　人在文化社會情境下成長，多少會受文化社會的影響。如何在人與人脈絡中把持自我，又與他人和平相處，在馬斯洛人文主義提供了很好答案。台灣是過動社會，每有一點事發生，容易社會沸騰；尤其媒體推波助瀾、譁眾取寵、嗜血嗜腥，更顯得台灣是經常處在動盪不安，充斥色情暴力、血腥不安險境。若無自我思考、反省批判能力，就可能迷失，被利用為散佈謠言工具，所以研讀馬斯洛「自我實現理論」就更有價值。本文共分肆節。

　　壹、馬斯洛生平簡介。其下分：一、馬斯洛早年生活。二、馬斯洛大學教育。三、馬斯洛對猿猴的研究。四、馬斯洛的人本主義研究。

　　貳、馬斯洛的重要著作與發表。

　　參、馬斯洛「自我實現理論」。其下分：一、馬斯洛人格理論。二、自我實現或具有最佳作用的人格特徵。

　　肆、馬斯洛心理學思想的貢獻。其下分：一、人本心理

學方法論。二、人性本質觀。三、需求層次動機理論基本假設與重點。四、人的七個需求層次意義。五、馬斯洛對希望臻於自我實現者的建議。六、需求層次激勵力量。七、高峰體驗。八、需求層次相互關係和特點。九、需求層次理論之價值評估。十、需求層次理論推介道家思想的啓示。

壹、馬斯洛生平簡介

一、馬斯洛早年生活

馬斯洛，全名爲亞伯拉罕.哈羅德.馬斯洛（Abraham Harold Maslow, 1908-1970）。他是在 1908 年 4 月 1 日，出生於紐約市布魯克林區的人。他是美國社會心理學家、人格理論家和比較心理學家，他也是人本主義心理學的主要發起人和理論家、心理學第三勢力的領導人。

在其著作中，以需求層次理論最爲世人熟悉；而該理論也是研究組織激勵應用最廣的理論。馬斯洛父喜酗酒，對孩子要求苛刻；其母極度迷信，性格冷漠、殘酷。馬斯洛童年很痛苦，他從未得到其母關愛。馬斯洛從小膽怯、害羞，不善與人溝通。

作爲猶太人，他們家偏偏住在非猶太人區，而且在學校，他又是少數幾個猶太人之一。處在這種環境，常使馬斯洛感到孤獨和苦悶，也使他成爲害羞、敏感且神經質；爲尋求解

脫與安慰，他常把圖書館當成避難所埋首書堆。後來他回憶童年說：「我是十分孤獨與不幸的人。我是在圖書館書籍中長大，我幾乎沒有朋友。」他在低年級學習美國歷史，托馬斯.傑斐遜和亞伯拉罕.林肯就成他心目中的偉大英雄。在幾十年以後，當他發展「自我實現理論」，這些偉人都成爲他的基本範例。

　　馬斯洛早年經歷的陰影不僅影響他的孩提，也使他成名後仍相當害怕當眾發言；每次演說前他都會經歷強烈焦慮與煎熬。

二、馬斯洛大學教育

　　馬斯洛父母未受教育；但卻堅持讓他學習法律。起初，馬斯洛很順從父母願望，而於 1926 年進入紐約市立學院專修法律。但僅兩個星期，他就斷定他的興趣並非法律，他感覺不適合當律師，所以就另行選擇他喜歡的學科涉獵。

　　經三學期，他轉往康奈爾大學；在康大，他的心理學導論老師是 W.馮特學生－－構造主義學派創始人 E.鐵欽納。結構主義派主張心智歷程和化學現象大同小異，探究化學的方法也可窺知心靈奧秘，亦可分析感覺與知覺，探究人類意識。但是馬斯洛很快厭倦構造主義心理學的元素分析和鐵欽納的枯燥。不久他回到紐約市立學院就讀。

　　在 1928 年，馬斯洛和他表妹結婚，育有兩個女兒。婚後，馬斯洛遷往威斯康辛麥迪遜分校繼續學業，這是他進到自己學術研究領域的轉捩點。馬斯洛稱，他的生命是結婚和轉學

到威斯康辛大學開始的。此時，馬斯洛發現行為主義並欣喜若狂；不久，他即師從行為主義代表人 C.赫爾而研究動物學習行為。然而，隨著他研讀格式塔心理學和 S.弗洛伊德心理學，他對行為主義的熱情就開始減退。

馬斯洛有自己的家庭以後，他發現：「我們的第一個嬰兒改變我的心理學生涯，她使我感到行為主義十分愚蠢。我越來越清楚人有無限潛能；能適當運用生活會像夢幻天堂。」

他在 1934 年獲得威斯康辛大學心理學哲學博士學位。

三、馬斯洛對猿猴的研究

在威斯康辛大學，他選修靈長目動物主導研究者 H.哈洛的課程並成助手。他觀察到猿猴在飽餐之餘仍會努力解決問題，雖在不同條件也會選擇有益健康的食物，顯示動物有追求健康的基本驅動力。他後來也相信人類也具有追求知識、權力和頓悟動機。他對猿猴支配權和性行為研究，完成了〈支配驅動力在類人猿靈長目動物社會行為中的決定作用〉的博士論文，闡釋在其他哺乳動物及鳥類社會行為和組織，強力支配驅動力都是決定因素。這研究引發他對人類性與情慾行為研究的觸媒。他注意到「強力支配」源自「內在的自信心」或「優越感」，且傾向於創新認知；但非通過肉體攻擊而取得。

他的博士論文非常出色，讓行為主義心理學家 E.桑代克留下深刻印象，因而提供博士後獎學金給他並請他協助進行新課題研究。因之 1935 年，馬斯洛就在哥倫比亞大學任桑代克學習心理研究工作助理。

四、馬斯洛的人本主義研究

　　馬斯洛在哥倫比亞大學擔任研究助理，研究人類行為有多少受遺傳決定，有多少受文化控制。但他卻又認為那是沒有研究價值的；他相信人類任何行為皆受該二因素交互作用與影響。

　　直到 1937 年，他到紐約市布魯克林學院擔任心理學副教授，才放棄行為主義而走向人本主義，他在那裏工作到 1951 年。在那期間，他把對猿猴的研究推到對人類的支配研究。他發現強力支配型個體總傾向創新，很少遵奉教條。而且具外傾性格，也不易焦慮、嫉妒或患上心理疾病。

　　在布魯克林學院，影響馬斯洛心理學思想轉變重要原因：（一）他的第一個小孩出生，他觀察到嬰兒行為的奇妙。使他領悟到行為主義企圖以動物研究結果推論人類行為，根本不切實際。（二）他受到現象論強調的立即性和直接經驗很大影響。（三）他受到存在主義哲學家強調個人的存在和自由意志的影響。（四）他受格式塔心理學思想整體論很大影響。1951 年，馬斯洛應馬薩諸塞州新成立的布蘭代斯大學聘請，擔任心理學系主任和教授並開始他的理論研究。此時，馬斯洛開始進行對健康人或自我實現者的心理研究。

　　20 世紀初，精神分析學派及行為主義心理學在美國大為流行。由於精神分析過分重視性慾本能，強調潛意識動機；而行為主義又強調外部環境對行為制約而否定人類的意識作用。所以在 1954 年，以馬斯洛為代表人物的人本主義心理學

就首次提出人本主義概念。

　　人本主義反對佛洛伊德生物還原論，強調要看到人的本能，更應看到人特有潛能，而認爲個人與社會並無本質矛盾，不必對社會衝突抱悲觀。

　　人本主義強調人的價值和尊嚴，研究健康人格，研究出類拔萃人物。而與以往精神分析及行爲主義有明顯分歧，因此稱人本主義爲心理學第三種思潮。

　　到 1961 年，馬斯洛結合志同道合者，如羅傑士、梅、布勒、荷妮、佛洛姆、沙利文等而創辦《人本主義心理學期刊》，並於 1962 年成立美國人本主義心理學會。該學會是同一觀點學者的聯盟並無嚴密組織，只有四原則：（一）心理學研究有經驗的人。（二）人本主義研究選擇過的人，關心創造和自我實現。（三）人本主義研究對個人和社會有意義的問題。（四）人的尊嚴和價值應成爲心理學主要範圍與內涵。

　　1967 年，馬斯洛當選爲美國心理學會主席並在 1970 年 7月 8 日心臟病突發逝世。

貳、馬斯洛的重要著作與發表

　　馬斯洛著作：1954 年《動機與人格》，探究需求層次和自我實現，爲馬斯洛重要理論；而 1962 年《邁向存在心理學》，探究匱乏動機與存在動機的對比、高峰經驗及自我實現。此外，馬斯洛又相繼出版《宗教、價值與高峰經驗》、《健全心理管理》、《邁向存在心理學》、《科學心理學之

探索》。

　　1970 年，則由馬斯洛夫人蒐集馬斯洛生前發表論文編輯成《人性的極致》，爲主觀生物學、高峰經驗在創造和心理治療的應用、達成自我實現的具體方法、超越動機理論、超越和對教育建構理想社會的看法。

　　馬斯洛重要論文：有〈基本需求理論〉、〈自我實現者的研究〉。而他發展的自我實現、高峰經驗、需求層級、從基本需求到形而上需求等，都是他的重要人性哲學。他認爲人性哲學有變化，其他都跟著變化，不僅政治哲學、經濟哲學、道德與價值哲學、人際關係哲學及歷史哲學會變化，連教育哲學也會變化。

參、馬斯洛「自我實現理論」

　　「自我實現」用語最早出現在高德斯坦的《有機體》，係指有機體均有特殊潛能，是內在性需求，稱作自我實現。馬斯洛採高德斯坦自我實現爲內在需求並在涵義上補充：一、他將自我實現解釋爲在多種需求滿足後，出現的心理需求。二、就個別層次需求而言，自我實現需求最重要。此外，他的自我實現與道家哲學思想頗多相同。

　　他的「自我實現理論」，將整體論、動力論和強調文化因素結合，並且通過對社會傑出人物的研究而形成比較全面性的人格理論並提出「人的動機理論」。而這就是馬斯洛自我實現理論重心和精髓。

一、馬斯洛人格理論

　　他對人性樂觀，他認為：人不醜惡而是中性或良好，所以最好是促進、激勵他的健康發展。他的人格理論建立在需求和動機基礎並認為「需求」是人格核心，稱「人格需求層次說」或「人格需求層次理論」。

　　人的需求應滿足，其潛能會要求實現，這是人格理論觀點。他認為，人類價值體系存在兩類需求，一是沿生物譜系上升方向逐漸變弱的本能或衝動，稱低層次需求或生理需求。另一類則隨生物進化顯現的潛能或需要，稱高層次需求。

　　他認為人都潛藏五種不同需求，亦即生理需求、安全需求、愛與歸屬需求、尊重需求和自我實現需求。後來他修正為七種，而增加知的需求、美的需求。但在不同時期表現的需求程度是不同的，而其最迫切需求才是激勵主因和動力。需求是從外部得來逐漸向內在得來轉化，低層次需求得到滿足，激勵作用就降低，而高層次需求則取而代之。人的最高需求為「自我實現」，那是以最有效和最完整方式表現潛能，而使人得到高峰體驗的喜悅。

二、自我實現或具有最佳作用的人格特徵

　　他的「自我實現」或「最佳作用」的人格特徵歸納如下：（一）有效觀察現實。（二）能夠接受自己、別人和自然。（三）自然率真的自發性。（四）注意任務、事業。（五）

隱居和超然性。（六）自立和獨立性格。（七）清新脫俗的
鑒賞力與審美觀。（八）經歷神秘或高峰體驗。（九）人類
同一性。（十）人際關係在求得知己朋友。（十一）民主價
值觀。（十二）無敵意幽默感。（十三）不墨守成規。（十
四）創造性。（十五）超越對立。

肆、馬斯洛心理學思想的影響

　　他的心理學雖未完全取代行為主義；但他強調研究「人
性整體」，對心理學產生深遠影響。他的貢獻有以下幾點：

一、人本心理學方法論

　　在多數心理學家關注畸形病人及精神病人時，馬斯洛呼
籲去發現傑出人物或一般健康人需求，係在處理更高需求和
最終的自我實現。人本主義認為人都可改變心態而自癒，用
己力消除實現高層需求的障礙。他反對把人當動物或機器而
倡導以「問題為中心」的研究並提倡性善論和對健康人的研
究，重視潛能、自由、責任和尊嚴，建立人本主義方法論。

二、人性本質觀

　　他對人性本質顯示五論點：（一）需求層次從生理到心
理漸次發展。（二）人性本善，天賦善根是發展潛力。（三）

先天理性或後天經驗及直覺感都是知識來源。（四）反物質決定論，也反精神決定論。（五）充滿東方特色而以發現和舒展本性爲宗旨。特別後來的「超越性需求」更留下道家思想烙印。

三、需求層次動機理論基本假設與重點

（一）需求層次動機理論基本假設

他在 1943 年發表《人類動機的理論》，提出需求層次動機理論，那是研究組織激勵應用最廣的理論。其基本假設：1.人要生存，需要就能影響行爲。2.需要按重要性和層次排成定序，從基本到複雜。3.某需求得到最低滿足才會追求高一層需求。4.需求是人性。5.一個國家多數人需求層次結構是同這個國家經濟、科技、文化和人民受教育程度直接相關。

（二）需求層次動機理論重點

1.需求層次動機理論具有自己的方法論和重心。理解需求層次動機要注意：（1）堅持以人爲中心，以健康人爲研究對象，重視健康動機研究。（2）堅持整體動力論，闡明動機和環境關係以及動機和動機間內在整體動力的關聯。（3）動機理論撤棄文化差異，直接對人類共有基本目標或需要進行研究。

2.馬斯洛人本主義載於《動機與個性》。惟所指「動機」並非「動機是促發行爲的內在力量」；而指人性本質的善良根性。他將動機分生理需求、安全需求、愛與歸屬需求、尊

重需求和自我實現需求。

　　3.「Theory Z」文章：後來他感到上項分析仍有不足，且自我實現不足說明人類精神生活追求的終極目標，需要「比我們更大的東西」來超越自我實現。到 60 年代，他研究東方文化促使他反思原已創建的人性觀並結合對自我實現精神生活與行爲的研究。他認爲這種超越人本心理學是以宇宙爲中心，而非以人的需求和興趣爲中心。他增加「Z 理論」，亦即提出第七階層的「最高需求」而取名「超人本心理學」。Z 理論假設：人達到經濟需求基本安全以後，就會努力提升生活價值，而他也會尋求發揮創造及生產的工作場所。

四、人的七個需求層次意義

　　（一）需求層次如金字塔，可分七個需求。

　　（二）七個需求層次的意義：1.生理需求：指人維持生存及延續種族命脈需求。2.安全需求：包括人身安全、生活穩定及免遭痛苦、威脅或疾病、金錢需求。3.愛與歸屬需求：包括對友誼、愛情及隸屬關係需求。4.尊重需求：希望有穩定社會地位，個人能力和成就得到社會承認。5.認知需求：指對己、對人、對事物變化理解需求。6.審美需求：係追求真、善、美需求。7.自我實現需求：係指實現個人理想、抱負，發揮個人能力以達到最大，完成與自己能力相稱需求。

五、馬斯洛對希望臻於自我實現者的建議

　　（一）把感情出口放大，莫使心胸像瓶頸而難紓解。（二）

在不利情境要嘗試積極樂觀看待問題並看遠。（三）對生活環境多欣賞、少抱怨。（四）設定積極可行生活目標並追求實現；但不能期望一定不失敗。（五）認清真理正義，縱使違反眾議也應挺身而出，堅持奮鬥。（六）莫使生活僵化，應讓自己在思想與行動上留下彈性，而偶爾放鬆、調劑心情，有助潛力發揮。（七）與人坦率相處，讓別人看見你的長、缺處，分享快樂與痛苦。

六、需求層次激勵力量

最迫切需求才是激勵行動主因和動力。

七、高峰體驗

在自我實現創造過程會產生「高峰體驗」，這是最激盪人心的時刻，也是最高、最完美、最和諧的狀態，會有欣喜若狂、如醉如痴、快樂銷魂的感覺。

八、需求層次相互關係和特點

需求層次愈高社會價值越大，也越少自私性。而其自由創造和自我實現就是需求層次最高需求。（一）七個層次需求可分兩大類，較低前四層次稱基本需求，係由生理或心理有欠缺而產生，又稱匱乏性需求。而較高後三層次稱成長需求或後需求，屬超越性動機，不是力求彌補欠缺而是要發展

潛能和認識世界。（二）各層次需求有高低前後順序。七種需求分高低兩級，其中生理需求、安全需求和感情需求屬較低需求，通過外部就可滿足。但是，尊重需求和自我實現需求，那是高級需求，要通過內部才能得到滿足，且無止境。（三）較高層次需求是後來發展的，就像生物進化。（四）需求層次愈高，完全存在可能性愈低；而其高層次需求的強度也較薄弱。（五）生活在高需求層次者，意味其物質性事物較充分且較長壽，少生病而又睡得好，胃口也佳。（六）高層次需求獲得滿足是主觀的，如非常幸福、心情平靜、內在生活富裕。（七）個人環境較好時，較容易滿足高層次需求。（八）個人滿足高層次需求後，就愈接近自我實現目標。

九、需求層次理論之價值評估

人本主義看到積極和善良人性與自由意志。這與佛洛伊德生物進化論成對比。其價值評估：（一）從人的需求出發，探索激勵和行為，抓住問題關鍵。而需求有從低級趨向高級發展的過程，符合人類需求發展的規律。（二）需求的歸類可能重疊。（三）缺少學術研究支持該理論。（四）片面強調個人內在價值的實現，忽視社會理想對人積極性作用。（五）把人的需求看作自然稟賦。（六）對潛意識探討的匱乏，使論述不甚完整。（七）並未估計某些需求所受挫折，有時反而激起創造動機。（八）過分強調遺傳在人的發展作用。（九）需求層次理論帶有一定機械主義色彩。

十、需求層次理論推介道家思想的啓示

(一)馬斯洛、羅傑斯等人的人性思想，明顯折射道家思想色彩，與西方傳統觀點顯然相違。在馬斯洛《基本需要的類似本能性質》和羅傑斯《我的人際關係哲學及其形成》論文，他們均指斥將人性解釋爲「惡」的動物性，而認爲「西方文明已普遍相信」之觀點，其實僅只是片面性。

道家哲學乃至中國哲學，是具有超越時空的獨特智慧和現實的普適價值，此除應從哲學史、思想史、倫理學、政治學角度對其進行理論探討外；還應從其生活層面闡釋發揮「順應自然、和諧有度、抱樸守真、少私寡欲」等思想內涵，而在心理保健、人格發展、精神超越等功能和價值。

人本心理學在理論和實踐成功嘗試，昭示：中國哲學具有融通東西方文化，且有進行現代化轉換的可能和現實，而對人類安身立命和文化發展具有相當重要普適價值。

不過，與道家注重個人心性修養的內在超越，馬斯洛等人肯定良好環境對保持、發展本性的積極作用，故亦強調社會改革重要性。而在去世前幾週，他還指出人性會依環境不同而表現善心，或心理病態和醜惡行爲。他力圖探明在何種良好條件，會有助於人們表現利他、友善、誠實、仁慈等高級本性，而糾正人本心理學忽視社會環境和社會實踐的功效。

(二)在深入瞭解到自身文化的基礎，去吸收異質文化長處。人本心理學超越自身文化傳統限制，而拋棄西方文化中心論和文化霸權主義，並以平等、謙遜態度和兼收並蓄的開

放胸襟，來理解和吸收非西方文化資源。

　　而他們在對道家的吸納，又是以深切瞭解到自身文化和心理學發展的歷史和現狀，並揚棄存在主義、現象學和納金斯、佛洛伊德等人的思想為前提。而這也啟示我們能否有效吸取異質文化菁華，那是取決於對自身文化傳統和現實狀況的認識和把握為基礎。那是需要深刻瞭解自己，方能更清醒地知彼學彼而截長補短。

　　(三)超越二歧式思維，整合多種學派和方法，特別是整合東西方文化精華，不僅可能且是必要。

　　科學研究的途徑、方法是多樣性。而科學的真理具有整合性；雖然東西方文化確實存在不同價值理念和話語系統，然仍各有優缺點。仍具有相互融會、補充的潛質和可能性，而東西社會相互理解、溝通、互動，也才能創造更完美新文化。而能否將這種可能化為現實，讓潛質發展成為顯態，關鍵點還在於文化創造主體的人，亦即其自身是否能採取兼收博採的明智態度和正確合理方法。

　　人本主義心理學，從西方機械主義盲目照搬自然科學還原論方法，導致以人為研究對象的心理學在那種偏離健康軌道的失誤，而認識必須放棄二歧式思維，以超越非此即彼或排斥異己思維，並要接受「整合一統的、協同一致的思維」。

　　馬斯洛、羅傑斯等人本主義心理學家也坦言學院派心理學是過度局限於西方文化，實在需要汲取東方資源，如道教、佛教對今日西方具有如此重要性，而努力吸收異質文化並積極整合多種學派，在融通東西方文化方面邁出可貴一步，並向世人展示東西方文化的融會、互補的燦爛曙光出現。

(四)不斷改進和發展已有理論，選擇性吸收前人思想菁華並予現代化詮釋。

人本心理學家不僅超越西方流行，關於「各種原罪、人類墮落和本性邪惡的說法」，而且突破人本學派原先只重從生物學基礎而靜態認識人性的偏頗，進而認識到人性善惡與社會環境和文化因素的密切聯繫，因而強調人性的動態發展。同時，鑒於 60 年代美國社會自戀型文化現狀，以及人本思潮過度強調自我個體而導致自戀症、自我中心等弊端猖獗。馬斯洛、羅傑斯等人能及時認識人本理論缺陷並吸收道家等東方智慧而予修正，從而由人本心理學去開啟超個人心理學新方向。人本心理學對道家思想的吸收是經過改造或選擇，而馬斯洛就強調應該「以一種『美國式的道家』為指導」。

(五)注重理論與實踐的互動。

人本心理學一方面充分認識哲學理論對具體科學的指導和推動，及時覺察鄙薄哲學理論的錯誤，已導致心理學日益陷入困境，故而強調哲學理論對心理學指導性的重要。而東西方哲學智慧，也啟迪他們開闢心理學研究新天地。而將這些新理論成果，運用於心理諮詢和心理治療的實踐，又促進美國在教育領域和管理領域的重大改革。

所以，平凡人的自我實現是根據自身價值觀定義。而遵從世俗價值觀的人，卻沒辦法用這種標準衡量平凡人的自我實現。這恰好證明自我實現是更高級需求，只有通過其個體內在行為才能滿足，而非由外在條件即可達到。

馬斯洛與其「自我實現理論」本文

前　言

　　人是喜歡群居的動物，所以都市化、城市化才會快速的崛起，而這也是因爲都市化會帶來許多的經濟利益與生活便利性所使然，大大提升生活品質，並且因之創造許多工作就業機會與提升文化教育水準，而這是毋庸置疑的。

　　由於人是群居的社會，唇齒相依，兼且時代變遷快速，令人目不暇給，而又因傳播力量無所不在，所以社會就會快速的變遷。而在這種快速變遷的現代社會裡，要如何的去與他人相處、與自然相處，甚至於是與自我的相處，那就變成了是一個很重要的課題了。

　　馬斯洛的人文主義思想，是透過對人性哲學的闡述，是用來肯定人人都有向善本質的思想。而這個向善的本質，就是積極的作爲。正可以促進我們的世界，走向更爲安和樂利、康莊大道的境界。

　　人都是在文化社會情境脈絡下成長的，每個人都或多或少會受到文化社會的影響，而這個觀點也是馬斯洛所不否認。而如何能在人與人的脈絡中把持住自我，卻又能與他人

和平的相處，在馬斯洛的人文主義思想裡，確實提供了很好的答案。

　　何況在現代社會，台灣是一個極度過動的社會（施振榮先生語）。每有一點點事情發生，很容易的就會繪聲繪影傳開，因而一下子社會就會沸騰了起來；尤其是在媒體的推波助瀾、譁眾取寵、過度渲染、嗜血嗜腥之下，更顯得台灣社會似是經常處在動盪不安，處處充斥著色情、暴力、血腥和不安的險惡的境地裡，是一個一無是處的社會。而在這種社會環境下，一個人如果沒有自我思考、反省、批判的能力而只會人云亦云，那就很有可能會迷失掉自己的方向，很容易就被利用為散佈謠言的工具了，而且造成個人的心浮氣燥，所以對於研讀馬斯洛的「自我實現理論」，那就更是有其價值，而且也是社會之福。

壹、馬斯洛生平簡介

一、馬斯洛早年生活

　　馬斯洛，全名為亞伯拉罕.哈羅德.馬斯洛（Abraham Harold Maslow, 1908-1970）。他是在 1908 年 4 月 1 日，出生於紐約市布魯克林區的人。他是美國社會心理學家、人格理論家和比較心理學家，他也是人本主義心理學的主要發起人和理論家、心理學第三勢力的領導人。

　　而在其所有著作中，尤以需求層次理論（Need-hierarchy theory）最為世人所熟悉；而且其需求層次理論也是在研究組織激勵時，應用得最為廣泛的理論。

　　馬斯洛是出生在猶太人家庭裡，而其父母是從前蘇聯移民到美國，他是家中七個小孩中的老大。馬斯洛，其父喜歡酗酒，然對孩子的要求卻是十分苛刻；而其母親則是一個極度迷信的人，而且性格冷漠、殘酷、暴躁。

　　馬斯洛小時候曾帶回兩隻小貓，卻被其母當面活活打死，由此即足以見到其母親暴虐、冷血的性格了。馬斯洛的童年生活是很痛苦的，他從未得到過其母親的關愛眼神；所以在其母親去世時，他依然拒絕參加其葬禮，可見相互間關係之惡劣。

　　誠然的，馬斯洛從小就是一個很膽怯、害羞的人。他是一個很不善於跟其他人溝通、接觸的人；而且在他的童年歲月裡，他也曾經體驗過許多的孤獨和痛苦。

　　不僅如此的，作為一個猶太人，而他們的家卻又偏偏住在非猶太人的地區裡，而且在他的學校裡，馬斯洛又是那少數幾個猶太人之一，所以其所受到的眾多困擾，那是不言可喻的了。

　　由於處在這種特殊環境裡，因之常常使馬斯洛感到孤獨和苦悶，而且在這種環境的塑造之下，也使得馬斯洛成為一個既害羞又很敏感的孩子，而且還很是神經質；而他為了尋求解脫與安慰，所以就常常把圖書館當成是他的避難所，而孤獨的埋首在書堆，以求心靈上的解脫了。

　　馬斯洛基於這種幼年時期的苦悶與痛苦，所以當後來馬

斯洛回憶到他自己的童年時代時，他就說道：「我是十分孤獨與不幸的人了。我是在圖書館的書籍堆中長大的人，我幾乎沒有任何的朋友。」

在上學以後的馬斯洛，由於其天賦極高，所以其學習成績原是十分優秀，只是後來才改變。

馬斯洛從五歲開始的，他就是一個標準書迷。他會經常的到街區圖書館，去瀏覽各類書籍。

而當他在低年級的時候，他學習到美國歷史時，托馬斯.傑斐遜和亞伯拉罕.林肯，就成了他心目中的偉大英雄了。而且經過幾十年以後的，當他開始發展其「自我實現理論」時，這些偉人則都成了他的基本範例。

馬斯洛在他的青少年時代裡，他曾因自己的身體虛弱、面貌醜陋（鼻子太大）而感受到極度的自卑感。所以，他也因此而常藉著鍛煉自己的身體，以冀求得到心理上的補償。

而在進入大學以後，當他讀到 A.阿德勒著作中的自卑與超越概念時，他才霍然得到啟示，從此也因而改變他的一生。

馬斯洛在早年的那些所經歷過的陰影之下，不僅影響到他的孩提時期，而且也使得他在成年以後，甚至是成名以後的，他仍然是相當的害怕當眾發言；以至於在每一次的演說之前，他都會經歷著極其強烈的焦慮與煎熬。

二、馬斯洛大學教育

馬斯洛的父母親，他們雖未曾受過任何正式教育；但他們卻堅持一定要讓他去學習法律。起初，馬斯洛是很順從他

父母親的願望，因而於 1926 年進入了紐約市立學院專修法律。但僅僅爲期不過兩個星期而已，他就已斷定自己的興趣並非是在法律學門，他甚至於感覺得到的，他並不適合當律師的行業，所以他就另行選擇他喜歡的學科去廣泛的涉獵知識了。

而如此的經過了三個學期以後，他就轉往康奈爾大學就讀；雖然在康大時，那時他的心理學導論課的老師是 W.馮特的學生，亦即構造主義學派的創始人 E.鐵欽納。

在結構主義學派的基本主張裡，那是認爲心智歷程的運作和化學現象是大同小異，所以他們認爲採用探究化學現象的方法，也可以適用到窺知人類心靈奧秘性，而且亦可以藉此以分析感覺與知覺的各種心理要素，而來探究這些要素的總和是什麼，以及和人類的意識有什麼樣的關係存在的。

但是，馬斯洛很快的就厭倦了構造主義心理學的元素分析，和鐵欽納的枯燥乏味。不久他又回到紐約市立學院去就讀。

在 1928 年，馬斯洛不顧父母親的反對而和他的表妹，也就是他在高中時的同學貝莎（Bertha Goodman）結婚了；而那時候的馬斯洛是 20 歲，而貝莎則是 19 歲。婚後他們育有兩個女兒。

馬斯洛聲稱，他生命的開始，是從他結婚和轉學到威斯康辛大學以後才真正開始的。在他們結婚以後，馬斯洛和貝莎遷往威斯康辛州的威斯康辛大學麥迪遜分校，去繼續他的學業，而這也是他真正進入到自己學術研究領域的一個重要轉捩點。

　　在此時的，馬斯洛發現了行為主義並欣喜若狂；不久，他即師從當時的行為主義代表人物之一的 C.赫爾而研究動物的學習行為。然而，隨著他日益增多的研讀格式塔心理學和 S.佛洛伊德心理學以後，馬斯洛對於行為主義的熱情就開始漸漸的減退了。

　　而當年輕的馬斯洛夫婦有了自己的家庭以後，馬斯洛又有一個重要的新發現了；他寫道：「我們的第一個嬰孩改變了我的心理學生涯，她使我感到從前曾讓我如醉如痴狂追不已的行為主義，顯得十分愚蠢。我對這種學說，是再也無法忍受了，它是不能成立的。我是越來越清楚的看到，在人的身上有著無限潛能存在著；而如果能夠適當的予以運用，人的生活就會變得像在夢幻中的天堂一樣。」

　　馬斯洛於 1930 年獲得威斯康辛大學心理學學士學位，次年他獲得心理學碩士學位，而在 1934 年他就又獲得心理學哲學博士學位了。

三、馬斯洛對猿猴的研究

　　在威斯康辛大學時，馬斯洛選修在美國靈長目動物研究的主導研究者，那是以研究羅猴和依戀行為而知名的 H.哈洛的研究實習課程，而馬斯洛並成為哈洛的研究助手。後來馬斯洛又成為他的第一個博士生。而在那一段期間，另有一位著名的格式塔心理學家 M.魏特海默，也曾是馬斯洛的老師之一。

　　至此，他漸漸對研究猿猴產生興趣，並且自信能找到自己所要研究的領域了。

　　爾後，他在指導教授哈洛（H. Harlow）博士指導下，完成了〈支配驅動力在類人猿靈長目動物社會行為中的決定作用〉的博士論文。

　　就馬斯洛後來的思想而言，這項對動物的研究似乎和他後來對人類行為的研究，有著相當差異性存在，而會令人感到非常的不可思議！

　　然而，事實上，這項研究卻是引發他後來對人類的性與情慾行為研究的觸媒，也有相當大的貢獻。馬斯洛認為，對性的研究，特別是在對同性戀的研究上面，那是有助於深入了解到人性的。

　　馬斯洛在對猿猴的研究當中，他觀察到猿猴們在飽餐之餘，牠們仍然會努力不懈的去解決問題，並且也發現到豬也有相當類似的行為；雖然是在各種不同條件之下，牠們也會選擇有益於自身健康的食物。而這些結果，就顯現出動物似乎有一種追求健康的基本驅動力。他後來也相信人類也具有這種追求知識、權力和頓悟的動機，明顯的存在著。也因此，就實際上來說，他早期所做動物行為之研究，也是具有奠定他提出自我實現理論的基礎。

　　在他對猿猴的支配權和性行為的研究當中，馬斯洛是闖入一個他幾乎完全未知不明的領域裡。在 1932 年 2 月至 1933 年 5 月之間，馬斯洛幾乎每天都要花費數個小時，在不驚擾動物的情況之下，去悄悄的對不同種類的 35 個靈長目動物，進行觀察並做成詳細的筆記。

　　而這樣的結果，他就完成了他的題為〈支配驅動力在類人猿靈長目動物社會行為中的決定作用〉的博士論文。此博

士論文是在闡釋證明：不僅是在猿猴的身上而已，而且是在其他的哺乳動物以及鳥類的社會行為和組織當中，那種強力支配驅動力，也都是一個關鍵性的決定因素。

　　他注意到「強力支配」似乎源自於「內在的自信心」或「優越感」而得來，而且是傾向於創新認知的；但那並不是通過肉體攻擊行為而取得。而這在某種意義上，他似是已在構思一個建立在強力支配驅動力上的初步理論，而那是可以用來解釋高級動物的許多社會行為的見解。

　　由於他的博士論文，是非常的出色，因此而讓行為主義心理學家 E.桑代克，留下極為深刻的印象。因此桑代克就在哥倫比亞大學，提供一份博士後獎學金給他，並請他在其所任教的教育研究學院裡，協助進行新課題的研究。因之在1935 年時，馬斯洛就在哥倫比亞大學任桑代克學習心理研究工作的助理。

四、馬斯洛的人本主義研究

　　馬斯洛在哥倫比亞大學，擔任桑代克學習心理研究工作的助理時，他所做的研究，是以發現人類行為中，有多少比例是受到遺傳基因所決定，而又有多少比例是受到文化因素所控制的。

　　但在面對這樣的研究題目，馬斯洛卻又認為那是相當沒有研究價值的事情；因為他相信人類的任何行為，皆會受到這二種因素的交互作用與影響的。

　　於是，馬斯洛將他的這種想法告知了桑代克，而桑代克

也向馬斯洛表示說，他可以選擇他自己喜歡的任何題目來從事研究。對於桑代克的這種開明作風，馬斯洛是一直感念不已的。

也由此亦可見到馬斯洛雖然反對行為主義，但他所受到的教育，卻是行為主義的教育理念。一直到 1937 年的時候，他到紐約市布魯克林學院擔任心理學副教授時，在思想上，他才放棄行為主義的研究，轉而走向人本主義的研究路線。

在經歷過第二次世界大戰之後，馬斯洛明顯地改變了他的學術發展方向。在他看來，戰爭只是人類的偏見、仇視與卑鄙心理的縮影而已，對人類並無任何偉大的價值與目標的。

雖然戰爭會帶給人類毀滅和失望的境地，但對於馬斯洛而言，他相信如果人類能夠彼此多多的相互了解，那麼人類必然會有更光明的未來與前途。而他也期待有這麼樣的一天會到來，人類的這個大家庭能夠齊聚在一堂，大家圍繞在「和平之桌」（peace table），談論著人性、仇恨、戰爭、和平及友誼。而那就是馬斯洛所想要證明的：人類能更超越戰爭、偏見、仇恨等，而趨向於更完善、更高超的境界。

在馬斯洛到了紐約市布魯克林學院擔任心理學副教授以後，那就是他的全職工作了。而他曾在那裏一直工作到 1951 年為止。

而在那一段期間裡，他把對猴群的支配研究，推廣到對人類的支配問題的研究題目。他發現到具有強力支配型的個體，總是會傾向於創新觀念，而且很少會遵奉宗教的教條。而且具有外傾的性格，他們也不容易焦慮、嫉妒或者患上心理疾病等。

　　另再以兩性關係為例來說明：那些強力支配型的女人，總是被具有高度男子氣概、有自信心、有正當攻擊性，對自己追求的目標能堅定不移的，並且在大多數的事情上，總是能夠占據上風的強力支配型的男人所吸引著；而那些弱勢支配型的女人，則總是被那些和善、親切、文雅、堅守信用的，表現出會對兒童熱愛的男人所吸引著。

　　在布魯克林學院的任職期間，影響馬斯洛心理學思想轉變的重要原因有四個：

　　（一）在他的第一個小孩子出生以後，他就觀察到嬰兒行為的奇妙現象。而由於有這樣的一個發現，也才使他領悟到行為主義心理學家所企圖藉助的，以動物的研究結果來推論解釋人類行為的作法，根本是不切實際。因此他曾對別人說：「我敢說，凡是親身養育過小孩子的人，他絕對不會再去相信行為主義的了！」

　　（二）他受到在現象論當中，所強調的立即性和直接經驗的觀念很大的影響。

　　（三）他也受到存在主義哲學家所強調，個人的存在和自由意志觀念的影響。

　　（四）他深深的受到格式塔心理學思想中，那整體論理念的很大影響。馬斯洛在布魯克林的任教期間當中，因為那時正是德國納粹迫害學術研究思想之時；而在那時，有很多歐洲著名的心理學家，就都紛紛避難到美國來。而他亦因此而得予認識到許多頂尖的心理學家，諸如格式塔心理學家的魏特海默、W.柯勒和考夫卡，以及精神分析心理學家 K.霍妮、阿德勒及 E.弗洛姆等人。而這些人的思想，也都或多或

少的對他的人本主義心理學的理念有一些影響。

　　在 1951 年的時候，馬斯洛應馬薩諸塞州新成立的布蘭代斯大學之聘，擔任該校心理學系主任和心理學教授，並開始他的理論研究。而於此時，他也遇到了 Kurt Goldstein，那是啓發他產生「自我實現理論」思想的人。而如此一來的，他就在那裡一直工作到 1969 年。而且在此期間，他還擔任加州洛林慈善基金會的第一任常駐評議員。而在那些年裡，馬斯洛也開始進行他對健康人或自我實現者的心理研究。

　　在 20 世紀的初期，精神分析學派及行爲主義心理學在美國大爲流行。但是，由於精神分析學派過分重視性慾的本能，強調人的潛意識動機；而行爲主義又強調刺激反應理論，強調外部環境條件對行爲的制約性，而否定了人類的意識作用。

　　所以在 1954 年，以馬斯洛爲代表人物的人本主義心理學派，就首次提出人本主義心理學（Humanistic Psychology）的思想概念。而當時他們認爲精神分析學派和行爲學派，把心理學建立在對動物行爲的研究和對精神病患者病態心理上的研究，無疑的是抹煞了人與動物的根本區別，而且也貶低人的意識和個性裡，那更有價值的品質了。

　　人本主義的心理學者，他們反對佛洛伊德的生物還原論，強調既要看到人的本能，更應看到人的特有潛能，而認爲個人與社會並無本質上的矛盾，所以不必對心理上的社會衝突，抱持著悲觀的態度。他們也反對行爲主義的機械決定論，他們強調遺傳內部複雜的動機系統在人的行爲當中的作用，他們認爲在物質、社會、文化的環境裡，能夠促進或限制人潛能的實現。

　　人本主義心理學強調，心理學應該是要關心到人的價值和尊嚴的課題，要去研究健康人的人格，去研究人類中出類拔萃的人物。而此種作法與以往的精神分析及行爲主義學派，是有很明顯的關鍵分歧點存在的，因此在心理學界就稱人本主義心理學爲心理學中的第三種思潮了。

　　惟以當時的行爲主義思想正是如火如荼的在盛行之際，所以馬斯洛的人本主義思想就並未能受到應有的重視，甚至於連他所寫的人本主義的文章，都無法在心理學的刊物上發表。

　　直到 1961 年，馬斯洛結合了一些志同道合者，譬如羅傑士、梅、布勒、荷妮、佛洛姆、沙利文等人而創辦《人本主義心理學期刊》，並於其後的 1962 年也正式成立美國人本主義心理學會。而該學會是同一個觀點的學者的廣泛聯盟，並沒有任何的嚴密組織和特殊的綱領揭櫫，他們也只有四項工作原則，而那些原則就是代表著他們的基本觀點了：

　　（一）心理學的首要研究對象，是有經驗的人。

　　（二）人本主義心理學家是研究經過選擇的人，所關心的是人的創造性和自我實現性。

　　（三）人本主義心理學家，是研究對個人和社會有意義的問題。

　　（四）人的尊嚴和價值的提高，應該成爲心理學的主要涉及範圍與探討的內涵所在。

　　馬斯洛，他在 50 年代中期，召開了「人類價值新知識」的討論，而其影響是甚大的；而到了 60 年代時，他和羅傑士、梅、布勒等人就一起發起成立美國人本主義心理學會，而成爲美國心理學會的第 32 分會。

　　而在 1967 年的時候，馬斯洛當選為美國心理學會主席，而至此，馬斯洛的人本主義心理學思想，才得以在心理學界佔得了一席之地。馬斯洛於 1969 年退休並赴加州，而成為加利福尼亞勞格林（Laughlin）慈善基金會的第一任常駐評議員。並在 1970 年 7 月 8 日因為心臟病的突發而逝世了。

　　在 1970 年 8 月間，國際人本主義心理學會成立了，並在荷蘭首都阿姆斯特丹舉行了首屆會議。而在 1971 年，美國心理學會還通過設置人本主義心理學的專業委員會，而這兩件事就標誌了人本主義心理學的思想，業已獲得美國及國際心理學界的正式承認了。

貳、馬斯洛的重要著作與發表

　　馬斯洛的重要著作包括：1954 年出版的《動機與人格》（Motivation and Personality），該書的主要內容為探究馬斯洛的需求層次理論和自我實現，為馬斯洛思想的重要基礎理論所在；而在 1962 年出版的《邁向存在心理學》（Toward a Psychology of Being），該書的主要內容則是探究匱乏動機與存在（或成長）動機的對比、高峰經驗以及提出自我實現心理學的基本主張。

　　馬斯洛又於 1964 年出版《宗教、價值與高峰經驗》（Religions, Values, an Peak Experiences）；在 1965 年出版《健全心理管理》；1968 年出版《邁向存在心理學》（Toward a Psychology）；在 1996 年出版《科學心理學之探索》

（Psychology of Science: A Reconnaissance）。

　　而在 1970 年間，則由馬斯洛夫人蒐集馬斯洛生前所發表的論文，而編輯成《人性的極致》（The Farther Reaches of Human Nature）；在該書裡，其主要的內容為主觀生物學（subjective biology）、高峰經驗觀念在創造力和心理治療上的應用、達成自我實現的具體方法、超越（成長）動機理論、超越和馬斯洛對教育建構理想社會的看法。

　　馬斯洛的重要論文的發表：有 1943 年〈基本需求理論〉、1950 年〈自我實現者的研究〉。而馬斯洛發展的自我實現（self-actualization）、高峰經驗（peak experience）、需求層級（the hierarchy of need）、從基本需求（basic needs）到形而上需求（meta needs）等，那些都是馬斯洛重要的人性哲學思想（張光甫，2003）。

　　馬斯洛認為，當人性哲學（即對人的本質、人的潛能、人的理想和人的終極發展，所持的基本觀點）有所變化時，其他每件事情都會跟著發生變化的，不僅僅是在政治哲學、經濟哲學、道德與價值哲學、人際關係哲學及歷史哲學本身會發生變化而已，而且連教育哲學也會發生變化的（莊耀嘉，1982）。

參、馬斯洛「自我實現理論」

　　「自我實現」一詞的用語，最早是出現在高德斯坦（Kurt Goldstein, 1878-1965）的《有機體》一書當中的。其意義是

指在任何的有機體裡，均有其特殊的潛在能力存在著，而這種潛在能力就是一種內在性的需求。

這種潛在能力並且促使有機體去滿足其內在需求，而使得其潛在能力可以發揮出來，而高德斯坦將這種內在歷程，就稱作是自我實現（Goldstein, 1934）。

馬斯洛採取高德斯坦的自我實現為內在需求的觀念，並在涵義上做了重要的兩點補充：其一、馬斯洛將自我實現解釋為是在多種需求連續滿足以後，所出現的心理需求。其二、就個別不同層次的需求而言，自我實現需求是最重要的（張春興，2006）。

除此之外，馬斯洛的自我實現理論中的自我實現者，與道家哲學思想是頗有許多相同之處的。

馬斯洛告訴我們：「你不必卑微的活著！你可以頂天立地的活著。」他更說：「To be all what you can be！（要成為什麼，就能成為什麼！）」而這也是在告訴人們：「『自我實現』的無限可能性了。

You can do it！I can do it！Everyone can do it！你的生命有某些東西，正等待著被你自己去點燃、挖掘、完成！」而「所謂的『自我實現』，就是把人的潛在能力發揮到極致的地步。」

馬斯洛的「自我實現理論」，將整體論、動力論和強調文化因素等三者結合在一起，並且通過對這一些社會上傑出人物的研究，而形成一種比較全面性的人格理論。

馬斯洛通過對這些傑出人物及他們的習慣、特點、個性和能力等的研究，而得出精神健康的定義所在，並且因此而

提出了「人的動機理論」。而這個「人的動機理論」，就是馬斯洛的自我實現理論的重心和精髓所在了。

一、馬斯洛人格理論

馬斯洛對於人性，是抱持樂觀主義的態度。他認爲：人不是醜惡的，而是中性的或者是良好的，所以最好的作爲就是能夠促進他、激勵他的健康發展。

馬斯洛的人格理論，是建立在他的需求和動機學說的基礎之上的。他並且認爲「需求」是人格的核心所在，所以他的人格理論又稱爲「人格需求層次說」或者爲「人格需求層次理論」。

人的需求應該得到滿足，而其潛能則會要求其實現需求的滿足，而這就是馬斯洛人格理論的基本觀點。在他的這種學說當中，那是在強調其個人的潛能、創造力、理想和信念的實現。

在馬斯洛看來，人類價值體系存在著兩類不同的需求，一類是沿生物譜系的上升方向，逐漸變弱的本能或衝動，稱爲低層次需求或生理需求。而另一類，則是隨著生物進化而逐漸顯現出來的潛能或需要，稱爲高級層次需求。

馬斯洛認爲人都潛藏著以下五種不同層次的需求，亦即生理需求（psysiological needs）、安全需求（safety needs）、愛與歸屬需求（love and belonging needs）、尊重需求（esteem needs）和自我實現需求（self - actulization needs）等五種。而後來馬斯洛又將之修正爲七種不同層次需求，亦即生理需

求、安全需求、愛與歸屬需求、尊重需求、知的需求（need to know）、美的需求（aesthetic needs）和自我實現需求。

　　但在不同時期，所表現出來的各種需求的迫切程度，是不相同的。而人的最迫切的需求，才是激勵人行動的主要原因和動力。人的需求都是從外部得來的滿足，逐漸的向內在得到的滿足去轉化的。

　　低層次需求，在基本上得到滿足以後，它的激勵作用就會降低的，而其優勢地位也將不再保持下去，而高層次的需求則會取代它而成為推動行為的主要原因。這也就是說，有的需求一經滿足以後，便不能成為激發人們行為的動力原因了，於是被其他的需求所取而代之的了。

　　對人類而言，高層次需求是要比低層次需求，具有更大的價值。而熱情是由高層次需求所激發出來的。

　　人的最高需求即為「自我實現」，那就是以最有效和最完整的方式，來表現他自己的潛在能力，而由此才能使人得到高峰體驗的喜悅。

　　人的五種基本需求，在一般人身上，往往是無意識存在著的。而對於個體來說，那些無意識的動機經常會是比有意識的動機更為重要。而對於有豐富經驗的人，通過適當技巧，是可以把無意識的需求轉變為有意識的需求。

　　馬斯洛還認為：在人的自我實現創造性過程中，產生出一種所謂的「高峰體驗」的情感，這個時候是人處於最激盪人心的時刻了，也是人存在的最高、最完美和最和諧的狀態。而在這時候的人，那是會具有一種欣喜若狂、如醉如痴、銷魂的感覺。

　　由試驗也可以證明得到的，當人呆在漂亮房間裡面，就會顯得比呆在簡陋房間裡面，更富有生氣、更活潑、更健康的了；而一個善良、真誠、美好的人，也比其他的人會更能體會到存在於外界中真善美的境界。

　　而當人們在外界發現了最高價值時，就可能同時在自己的內心中產生或加強了這種價值感。總之，較好的人和處於較好環境的人，那是更容易產生「高峰體驗」的。

二、自我實現或具有最佳作用的人格特徵

　　在馬斯洛的研究裡，所謂的「自我實現」或者說是具有「最佳作用」的人格特徵，大致上來說，是相同的，所以在此就併同說明了。

　　馬斯洛說：就以美國人來說的，具有自我實現者的人的生活方式，是較為不合美國化的；其實這種講法，並不是在說那些具有自我實現的人，他們是偏激份子或是極端份子，而是在說明具有自我實現者的人，他們是超越任何特定文化限制的人，他們的人性是充分地發展的。

　　如果我們瞭解到，我們自己是一個具有自我實現者的人格特徵者，那麼我們就可以提供自己，一個能使我們自己也達到盡善盡美的架構了。而就我們每一個人來說，其實我們也都或多或少的，都會具有馬斯洛所提到的，那些優美的人格特質，也因此我們可以將馬斯洛的模型，視為是一個完美個體的畫像，而且每個人都可以努力的朝此前進。

　　在馬斯洛的研究當中，他得到這樣的一個結論，那就是：

具有自我實現者的人，其運作功能的層次是與一般人或普通人的運作層次是完全不相同。

　　具備自我實現能力者，他們很容易滿足他們在其他方面的所有需求，但他們也會特別關心、著重於那些較高層次的需求。簡單的說，對於那些具有自我實現能力者的人，他們會堅持且積極朝向他的主要目標（需求）而前進，至於對其他的次要需求（慾望），那就可以馬虎一點，他們通常不會很在意。

　　馬斯洛認為只有具有自我實現的人，才能夠勝任那些重要的工作，他們會有發明、會有創造力，而且還會成為社會中充分發揮作用的人。

　　馬斯洛經分析發現，在他所研究的那些傑出人物的人格特質裡，也就是具有自我實現或具有最佳作用的人格特徵的人，會有如下的數點特徵：

　　（一）有效的觀察現實：那些傑出人物或者是健康的人們，他們能夠更有效率的觀察到現實的狀況，並與現實狀況建立起理性的關係，而不被特別的需求所扭曲了。

　　他們對現實和環境的認知能力是較佳的，並且較能與它們安然相處。馬斯洛發現到他們存在著具有透視虛偽、表面工夫或者掩飾事物的神秘能力。

　　他們無論是對藝術、音樂、科學、政治或社會事務等的，他們的認知都會是比較能夠清楚與準確的，因而也會提高其解決問題的能力。

　　他們較少會受到自己的需求面、願望、恐懼、焦慮、偏見等的影響，因而也更能透視到事實真相的關鍵點所在。

　　他們非但能忍受曖昧不定的環境，而且還會喜歡它們的朦朧不明。誠如愛因斯坦所說：「我們能經驗最美麗的事物，那就是神秘了。」

　　他們接受現實的狀況，而不空妄反對它們的存在。

　　當我們與他人必然的要經歷到的，而且還要與他人處於和諧相處時，我們才能夠真正的、更有效率的，要去控制那些展現在我們面前的事物了。

　　（二）能夠接受自己、別人和自然：那些傑出人物或者健康的人們，他們能夠安適的接受自己、別人和自然；他們會接受一切的事物，均會有利弊兩個面相同時存在的事實，他們也不誹謗他人、也從不懷疑人類的性質。

　　他們也和為數不多的人，發生深厚友誼關係。

　　他們對於他自己與他人不可避免的優缺點，他們都能視為那是很理所當然的，而不會予以抱怨。

　　而且他們常常會認為：對於那些企圖改變他人以符合自己願望的人來說，他們常會是破壞了與他人的社會關係；因此具有自我實現能力的人，他會尊重每個人都有成為其「真我」的固有權利。

　　而且，他們即使曉得自己有某些缺點存在著，那也是無妨的，他仍然會很欣然的接受他自己的那些基本的自我。

　　具備自我實現的人，他不會因為他自己未符合文化上所界定理想的美啦、地位啦、聲譽啦和其他等的，而他就會產生莫須有的罪惡感和羞恥感，因而他也不會受到那些世俗的折磨，而卻能泰然處之。

　　具備自我實現能力的人，他不會是矯揉造作、也不會是權

充派頭，而且他也可以很快察覺到別人的這些虛偽作風的存在，並且不被蒙蔽。

他們會安然接受，隨著成長到來而發生的生理上的變化（如衰老等），而且他們也不會念念不忘於往日的歡樂與做事模式。他們可能偶爾會有罪惡感，但是這種罪惡感的感覺，只會是在於他自已有某些缺點（諸如懶惰、脾氣暴躁、嫉妒、偏見等），那是可予改進而未予改進時，才會如此發生的。

（三）自然率真的自發性：那些傑出人物或者健康的人們，他們的活動和反應常是自發性的，而不是被迫性的；他們的這種自發性，就體現了一種坦率和熱忱。

他們會真誠地表達自己的感情、忠實於自己的感受、不矯揉造作、更不落入俗套。

他們的生活、思想、行為等，都會比較自然而又率真。

當然啦，一個人要能實現其真我，那是需要其內心有相當的自由度，而且他在行為上也要率真自然的；相反的，不具實現真我的人，則是會處處防衛著他人、而不敢流露出其真正存在的自我，並且會經常懼怕他人的批評與指責，而深深困擾著他自己的情緒反應。

他們在與他人的交往當中，也較易超脫習俗或慣例的影響，而會表現出其純真天性所在。

（四）注意任務、事業的使命：那些傑出人物們，他們會把注意力，集中在那些能使他們發揮到最大才能的任務和事業的使命上面去，甚至於是奉獻出自己和「失去」自己的生命也是在所不惜；而這種現象，對於那些一心一意為達到滿足己慾的人而言，那是形成了很強烈的對比性。而且，他

們會有週期性神秘的或者是高峰的體驗發生。他們遇事比較會以問題爲中心去處理問題，而不會以自我爲中心去處理問題。

　　誠然的，對於那些健康人來說，他們總是比較能夠心平氣和地處理他自己的問題。而且，他們常常會把自己的問題，視爲是與其他人的問題一樣的而已，毋須把自己深深困擾在自哀自怨裡頭。

　　他們在能解決其問題的活動上，在那個時刻裡，那是最會使他們感到特別高興的事情了。

　　因而也會使得他們能夠很熱心的去參與，在跟他們自己的職業有相關的活動；而且，馬斯洛也發現到，對於那些健康者的一項顯著特徵，那就是他會熱愛一種職業。

　　他會感覺到他自己的工作是很重要的，而他的人生是具有某種使命感存在著的，而且那個使命是正等待他去完成，不管那個使命是養育小孩或者是經營一個大公司。

　　（五）隱居和超然性：那些傑出人物或者健康的人們，他們會有隱居和超然需求，他們會用他自己特有的價值觀和情感去指導自己的人生規劃；但是他們通常也不大願意進行過度頻繁的交際應酬，而且他們也不會受到環境和文化的支配。

　　他們是較能夠獨處，而且也是很喜歡獨處的人。有許多人一般都會發現，對獨處來說，那是他們自己很不愉快的體驗；但是馬斯洛卻發現到一個健康人會喜歡享受他們自己獨處的體驗，並且他們也會希冀追尋到那個獨處的特殊時刻的來臨。

（六）自立和獨立性格：那些傑出人物們，他們有著自立和獨立性格。而這種性格，會成為他們文化中的一部分，也使得他們更依賴自己的內心精神世界而生存著，而非得借助外部世界才能生存著；但同時的，他們也不會受到自己內心精神世界的束縛與干擾。

就那些健康人來看，他們是較不受到環境影響的，而且也不會變成他們無法控制惡劣環境變遷底下的犧牲者。他們即使面臨到許多挫折、打擊、栽贓、惡意批評與陷害，他們也仍能保持著比較快樂而且寧靜的心境，去面對惡劣環境的現實狀況。

他們能夠自給自足並且依賴自己的潛能和資源來自我成長，並且發展它。他們不需要他人的好評來支持他們自己的作為，他們只在乎自我肯定，也就是自己感覺良好就好了。

（七）清新脫俗的鑒賞能力與審美觀：那些傑出人物們，他們具有清新脫俗的鑒賞能力，並以敬畏、驚奇和愉快的心情去體驗他們一生當中，所遭遇到的許多事情；而且也可以從其基本的日常生活體驗當中，就會得到巨大的鼓舞與能量。

他們比較能夠接受與欣賞，那些新奇事物或經驗。他們對於同一個事物，能夠一而再的欣賞它而不會感覺到厭煩；他們好像在每一次都可以看得出來一點點新的東西，好像都會有些新的感受、領悟、發現的。

而在日常生活當中，他們對於那些一般人常會視若無睹的生活小細節，常常也會使得他們感受到相當的愉快、驚奇、敬畏，甚至於是心醉神迷的。

對於具備自我實現的人而言：他們對於任何一次的日

落，都會感受到如同是第一次發現到它的那般壯麗。而他們對於任何一朵花朵，也都具有令人屏息觀賞的可愛性存在，即使他已見過那種花朵有一百萬次了。而且他所見過的第一千個嬰孩，仍然就像他初次看到嬰兒一樣的，對他來說，那嬰兒依舊會是奧妙無比的傑作。

自我實現者是會與一般人有一些不同的，他們不會把生命的種種奧秘視為是理所當然。

而且他們也能夠從已經擁有的、或是過去的成就當中，去吸取靈感。他們也不會見異思遷的，而去不眠不休地尋求更為新奇的事物和刺激，他們只會忠於當初所設定的最主要目標的實現；除非那個目標已然達成了。

（八）經歷神秘或高峰體驗（peak experience）：所謂的高峰體驗，指那些傑出人物或健康的人們，在他們人生的歷程當中，曾經有過體驗到的欣喜感、完美感及幸福感的經驗了。

高峰體驗多數是發生在人生的領悟、至愛的授受、苦盡甘來或宗教的悟道等情境下所產生，而那將是人生當中很難得的經驗；而且只有實際經歷過的人，才會有此種美妙體驗。

而高峰體驗也是人類的共同感受，對每個正常人來說，他們都可能在生活中得到。而有些人認為這些體驗，是他們在人生的高峰時刻當中所產生的。

當然啦，我們也可以借助某些情境來助長其產生，但並非因之即可以強迫這些體驗的出現。例如，我們可以把某個人，想像為被種種問題所干擾的人，而且是歷盡無數個創傷的個體；但那種情境僅只是一種感覺而已，並非真正能讓其

置身於無數創傷的真實環境裡。

　　我們可以回顧到在我們自己的生活層面上，並且從已被克服過的許多問題當中，或從已在成長歷程中消失掉的許許多多的變化裏，去擷取到靈感。

　　世界是充滿著悲傷、痛苦和暴力的，但它一樣會是充滿著許多神奇事件和美妙之處的地方。

　　有許多人只會悲觀的看到事情的陰暗面，而對其周遭種種神奇面相，卻是視而不見的，毫無感受的能力；其實在這些神奇面相上面，那正是大家高峰體驗的豐富來源。

　　高峰體驗就是處於最佳狀態的時刻裡，亦即是人能感受到莊嚴、強烈的幸福感、狂喜、完美或欣慰的時刻；而這也是在人的一生當中，最能發揮出其作用，也最能感受到擁有堅強、自信能力的時刻，而且還是能夠完全支配自己的時刻。

　　通常的，處於這種高峰體驗的人，他們會比平時更具有決斷力，更能專心致志，也更能夠接受別人的反對，而對於自己也更會有所把握。而對於旁觀者來說，在他這個正處於高峰體驗的人，他看起來是會比平常更加可靠，更加可依仗，而且更加可以信賴。

　　對於進入到這種高峰體驗的人來說，他們不但會覺得自己變得更好、更堅強、更統一；而且在他們的眼裏，他們對這整個世界，看上去也會是更為美好、更為統一、更為真實的了。

　　具有自我實現高峰體驗的人，其高峰體驗的頻率將會是較高而且是程度較為深刻。馬斯洛也認為：只有這種人，才能勝任那些發明、創造的事業，而能夠成為社會中充分發揮

作用的人。

　　由試驗可以證明得到的，當人置身在漂亮房間裡面，那就會顯得比置身在簡陋房間裡面更富有生氣、更加活潑、更加的健康了。

　　而對於一個善良、真誠、美好的人而言，誠然的，他們是會比其他的人們，更能體驗到存在於外界的真善美境界。

　　而當人們在外界發現到最高價值時，就可能會同時在他們的心中產生或加強那種價值感，而認知那是最需要追求的。

　　總之，對於那些較好的人們和處於較好環境的人們來說，他們會更加容易產生高峰體驗。

　　馬斯洛也發現到，有許多自我實現者，他們都曾經歷過很強烈的個人經驗；而那些經驗，或許都可以被形容爲是神秘的或富含宗教意義色彩的體驗了。

　　而諸如他們觀察得到的，他們對於一位小孩的嬉戲或欣賞音樂等的經驗，那些經驗都能完全的吸引到他們的注意力，而且產生高度愉快的狀態。

　　經由自我實現者所描述的歡樂類型，他們的那種情境，似乎是迥異於一般人所謂的「歡樂」類型，所以馬斯洛從他們對這些體驗的描述，他就導引出高峰經驗的概念了。

　　對於那些傑出人物或具自我實現者而言，他的這種高峰體驗的歡樂，不會因爲已經過反覆數次發生，而削減其歡樂程度。我們可以用驚奇、敬畏、心醉神迷、崇敬、靈感、讚嘆和其他措辭來描述它。而與此種歡樂相對立的，那就是酒會裡的餘興節目、遊樂公園裏的刺激活動、酒吧裏的感官刺激、聲色犬馬等的了。

　　此外，在這裡也可以舉出另外的一些高峰體驗的例子，那就是愛的感受，而那也就是所謂的「四海之內皆兄弟也」的感受。或者可以說，那是美和靈感等的感覺。而那些感覺就是徜徉於自然的體驗和宗教性的意識裡面。在那些意識狀態（altered consciousness）裡，其中有許多是相當類似於吸食迷幻藥的體驗；但卻絕對沒有吸毒的副作用會存在。

　　而經由那些曾經體驗到這類意識狀態的人所指出，那種高峰體驗是最為令人陶醉的了，而且是最汪洋浩瀚的人類的體驗。而且，他們有些人會認為這些經驗就是他們人生歷程當中的高峰時刻。

　　（九）人類的同一性：對於那些傑出人物們，他們具有一種全人類是同一性質的理念。他們認為大家都是人，沒有那一種人就高於另外一種人的觀念存在。

　　而那就是他們對於全體人類的關心了，他們不只局限於關切到對他的朋友或家庭的範圍，而是針對全世界一切文化當中的人們而為的。即使在面對具有攻擊性的人或是較為不會體諒別人的人時，他們也會抱有幫助他們的真誠願望。

　　（十）人際關係在於求得知己朋友：那些傑出人物或者健康的人們，他們會把他們的友誼，看得很重要，而且還會虛心的呵護與培養。

　　雖然他們熱愛和關懷的對象，只有少數幾個人而已，但是他們幾乎都是對所有的每一個人都是較為友善、慈悲、喜愛的。

　　而且對於這種愛，他們並不是毫無區別的，他們也會嚴厲地批評那些罪有應得的人。尤其是對於那些喜愛吹毛求

疵、裝模作樣及狂妄自大的人們而言。他們會爲了讓對方的美好而指責對方的不是；由此看來，他們的敵意是情境性的，並不會成爲他的人格特徵之一。

（十一）民主價值觀：那些傑出人物，他們易於接受到民主價值觀。他們的爲人比較謙虛，也不會以種族、地位、宗教爲基點來看待他人；他們雖然會意識到別人差異性的存在，但是他們不會以差異取人，他們較能建立起久遠的人際關係，而且還能與其中的少數人培養出深厚感情。

其實，真正的友誼是需要投入許多心力和時間的；因此，在事實上，人是不可能有許多親密朋友的。

對於健康人而言，他們是具有較強烈民主性格的特質；他們爲人也比較謙虛。他們覺得不管是什麼樣的種族、家世、性格、職業、性別等，他們每一個人都有其可取可學習之處，而且他們也可以坦然的與迥然相異其趣的人相交往和學習，而這就是不可多見的人格特性了。他們對任何人，都存有幾分的敬意，就只因爲對方是一個人而已。

（十二）無敵意的幽默感：那些傑出人物，他們具有發展良好，且毫無敵意的幽默感。他們不會在傷害他人的感情或猥褻、淫穢上頭去尋找幽默感。相反的，他們倒會更加樂意傾向嘲笑自己、消遣自己。

對於那些傑出的人物們，他們會存在著，許多不帶敵意而又富哲理性的幽默感。

而對於那些常見的喜歡表現自己優越感的幽默（如譏笑嘲諷他人的缺點）、或是帶有敵意的幽默（如傷害別人的感情）以及猥褻淫穢的幽默等，雖然那些行爲通常都是一般人

所喜愛的；但卻不會是那些具有自我實現者的人所會去欣賞的。

　　而這也就是在說：就猥褻淫穢的幽默來看，那些肉麻當有趣、下流當風趣的 PUB 級粗俗幽默，絕不會是那些具有自我實現能力者的人們或者健康的人們所會欣賞的。

　　對於那些具有自我實現者能力的人們，他們卻經常能在有意義的生活上面，去找到富含幽默感的題材。譬如：在事實上與自己的預期並不相符的時候，他們也會對自己的缺點和獨特性格，而自我解嘲一番。對於這種情形，我們可以舉例如下，如果他們去重新審閱那些自己很早以前繳交的期末報告，或許他們會發現那些報告，在語氣上是那麼的狂妄自大，目中無人，或是不知天高地厚、幼稚無知的，而覺得自己很是滑稽、幼稚、很是不好意思的。

　　（十三）不墨守成規：那些傑出人物或者健康的人們，他們能夠清楚分辨手段與目的、善與惡的不同所在。

　　他們有著高度的社會興趣，但對社會事件的看法卻從不墨守成規。

　　而當在文化規範與內心體驗上發生衝突時，他們也不會盲目抱持遵奉態度。他們能夠很清楚分辨，那些手段與目的的不同點所在；他們有著強烈的道德觀與確定的行為原則，不會一夕數變的。

　　誠然的，他們的是非與善惡觀念，是比較清楚的；不過，在他們心目中的那些是非、善惡觀念，未必是與習俗觀念相同的。

　　馬斯洛也發現到，那些傑出人物或者健康的人們，他們

都會很清楚所要追求的目標，而且知道先要完成什麼步驟，才能達到目標。而在大體上而言，他們追求的目標是較為固定性的。

　　而當他們達成目標的手段遭到挫折時，他們也會予以靈活變通。不過他們在手段的變更上，卻依然循著不違反個人道德與他人福利為原則。

　　同時，對於在很多體驗和活動上，通常的人只會視為是不得不爾的手段，而他們卻能欣悅的欣賞與享受那種經驗。即使是在做例行性工作時，他們也會設法稍事修改變換，並且自得其樂沈浸在其改進之中。

　　（十四）創造性：那些傑出人物或者健康的人們，他們具有創造性，而這些創造性是來自於最佳作用者對體驗的更開放，在情感上更自然的事實，並且用現實的動機去直接相關連著。

　　在比較上，他們是具有創造性的人了，馬斯洛喜歡把自我實現者的生活態度與具有赤子之心的人，相互作比較。他發現在他們兩者間，那是有許多相同點存在的。譬如說：他們對同一個事物，都能夠一而再地欣賞出其新鮮地方。

　　此外，他也發現具有自我實現者的人是比較具有創造性能力的人；雖然這並不是說，因為他們具有偉大才華才會如此。而是因為在他們心靈深處，那是較為像小孩子那樣的純真自然的感受。他們對於任何事情或遊戲，都會因為想出一套新奇方法而興奮著。

　　馬斯洛相信大多數的人，似乎都已經喪失掉他們在純真小孩時期的新奇眼光了。

　　我們可以想像到：譬如有一隻深受著主人寵愛的狗，當牠看到主人走過來時的興奮模樣。或是有一對如漆似膠的夫妻，他們那種相擁著而有如魚水之歡的情景；或是在暖和的春日裡，那種漫步在樹林裡的興奮和自由自在的感受了。

　　（十五）超越對立：那些傑出人物或者健康的人們，他們較能夠超越各種對立關係，而達到統合狀態。

　　具有自我實現者的人，在其行為當中，他們是較能表現出其超越對立的特性了。他們即能老成持重而又能童心未泯；他們即能重視智慧而又能感情洋溢；他們也能夠純真、坦率卻又能自我克制；他們即能態度嚴謹而又能嬉戲風趣。

　　對於大多數人來說，他們一般都會將這些對立特性，予以截然劃分；然而對於具有自我實現者能力的人，他們卻能同時表現出這種對立特性。

　　人可以同時的在遊樂和工作嗎？這個答案，對大多數人而言，他們是只能選擇其中一種來做的。而那樣的做法，只選擇一種來做，對他們來說，那會是更為舒服的？

　　在我們腦海當中，我們都會認為對於有些成熟的人們，應該表現出什麼樣行為的固定觀念存在著。例如他們要有冷靜、克制、無情、理智等作風。

　　而對於某些充滿著生命活力的特性，譬如率真、自發性、自由表露自己的感受、嬉戲和其他等，都必須被壓制下去，都應該隱藏起來。

　　其實所有的這些特性，那都是我們天性的一部分而已，我們應該表露其對立特性的所在，也只因為那只是單純的對事情的看法，而且會是在有不確定性感所造成的反應而已。

　　一個人可以有長遠目標，但他也能夠專心致力於目前的工作。一個人可以對人生抱持著嚴肅態度，但他也不會被失敗所壓倒。一個人可以專心達成某些目標，但他也能別出心裁，而使達成目標的手段頗富趣味性。

　　依照馬斯洛的看法，誠然的，一個人的人格存在著過多的二分性並不是很好的現象。而且在那種具有二分性人格對立狀態的人，那更是不成熟的跡象。

肆、馬斯洛心理學思想的貢獻

　　馬斯洛心理學思想的主張，雖然未能完全取代以往的行為主義；但他所強調的心理學應該要研究「人性整體」的思想，對心理學的發展，的確也產生深遠影響。具體而言，馬斯洛在心理學思想上最大的貢獻，就有以下的幾點：

一、人本心理學方法論

　　在大多數心理學家都仍一直的，在關注畸形病人以及精神病人的時候，馬斯洛呼籲人們去發現那些傑出人物或一般健康的人們，他們的需求其實係在處理更高要求的需求和最終的自我實現理念。

　　而且他想知道什麼是積極精神面的健康。而人本主義心理學，因之就產生幾種不同的治療方法。在這種理論與思想指導之下，其實每個人都擁有在其內部資源的生長和癒合點

的治療資源，也就是人是可以改變自己的心態而自癒，而且那是可以用自己的力量，去幫助消除個人在實現他們高層需求的障礙。

　　馬斯洛所推動和發展的人本主義心理學，是在批判精神分析和行爲主義基礎上所建立。

　　他反對在心理學研究當中，把人當作動物或機器看待，或者盲目照搬那些自然科學研究方法的機械主義心理學方法論，而是倡導以「問題爲中心」而不是以「方法爲中心」的研究方法，並以「整體驅動力論」來消除還原主義弊端，化解科學與價值矛盾性所在。而使心理學成爲「價值科學」，並提倡性善論和對健康人的人格研究，重視人的潛能、自由、責任和尊嚴，強調人性與社會價值統一性，建立以人爲中心的「人本主義」心理學方法論。

　　馬斯洛與托尼薩蒂奇共同創辦《人本主義心理學期刊》，其第一期係出版於 1961 年的春天。該期指出人本主義心理學的基本原理，簡單條列如下：

　　一、對個人而言，最重要的是當下的真實狀態。因此，人本主義心理學家都強調「此時」與「此地」的觀念，而非通過審視過去來預測未來的估測現象。

　　二、爲實現精神健康，所以個人必須爲自己的行爲而負責，且不論其結果是好是壞。

　　三、每個人都有其內在的存在價值，任何負面行爲，都無法抹煞作爲人的價值。

　　四、生命的最終目標，係在於自我成長和自我理解，只有不斷的成就完善的自我、理解自我，才能夠讓人獲得真正

快樂。

二、人性本質觀

　　馬斯洛的心理學思想，對人性本質的看法，顯示出以下的四個論點：

　　一、身心關係：馬斯洛是秉持身心合一論的人，此種觀點顯示在其需求層次理論上，是從生理需求到心理需求而漸次發展的，而且那也是採取連續性觀點的演進。

　　二、天性與教養：馬斯洛秉持人性本善觀，他認為人類的天賦善根是其一生發展的內在潛力。

　　詳細的說：馬斯洛認為人的本性是由自然演變而形成的，也是人類所特有的「似本能」所決定。

　　而這一人類共同特性就是中性的或者是好的，也或者是「先於善和惡」的；而如果要刻意壓抑或否定，那將會引起疾病或阻礙到人的成長。在基於這樣的認識，馬斯洛提出了他獨特的人格理論和心理治療理論。馬斯洛既不同意斯金納所提以社會規範等外在力量去控制、壓抑人的生物本性，以達到個人完善的主張；而他也不同意佛洛伊德所提的，通過代表社會價值的「超我」來對「本我」壓抑或實現其昇華，藉以促進他個人達成完善的主張，而是要強調發現和保持人的內在本性，那是對發展人格重要意義的所在。

　　他主張合乎本性地生活著，要「摘下面具」、「沒有任何做作」純真的生活著；而在心理治療和自我治療的首要途徑上，那就是要發現人的真實本性，而宣導「處世樸素、單

純」、「保持有一雙真誠的眼睛」為處世原則。

三、知識來源：馬斯洛係堅持綜合性觀點，他認為理性主義所講究的先天理性，或者經驗主義所講究的後天經驗及現象論所指出的直覺感受等，全部都是知識來源之一，而直覺則更是一切知識根源的基礎所在。

馬斯洛發展的自我實現（self-actualization）、高峰經驗（peak experience）、需求層級（the hierarchy of need）、從基本需求（basic needs）到形而上需求（meta needs）等，這些都是馬斯洛重要的人性哲學思想（張光甫，2003）。馬斯洛認為當人性哲學（即對人的本質、人的潛能、人的理想和人的終極發展所持基本觀點）有所變化時，其他每件事情都會跟著發生變化，不僅是在政治哲學、經濟哲學、道德與價值哲學、人際關係哲學及歷史哲學的本身發生變化而已，而且連教育哲學也會跟著變化的（莊耀嘉，1982）。

在《存在心理學》一書當中，我們常常可以看到馬斯洛使用了道家的一些形容詞，譬如 non-active（無為）、infant（嬰兒）、Taoistic let-be（道家的自適）、non-interfering（無干涉、無事）、Taoistic receptivity（道家式的接納，即「無棄人」）、Taoistic objectivity（道家的客觀性，即「聖人無常心，以百姓心為心」）等（張光甫，2003）。

馬斯洛在「心理學意義的烏托邦」中，形容他稱之為「Eupsychia」的國度和《老子·八十章》所提到的小國寡民的理想是有許多相似之處。

《老子·八十章》曰：小國寡民，使有什伯之器而不用，使民重死而不遠徙。雖有舟輿，無所乘之；雖有甲兵，無所

陳之。使民復結繩而用之。甘其食，美其服，安其居，樂其
俗。鄰國相望，雞犬之聲相聞，民至老死不相往來。

　　馬斯洛更將道家的「靜觀默察、緘口不言之能力」、「善
忍耐、守靜篤」的方式稱爲「妙悟」；他稱讚說「真正的道
家之妙悟，實爲難能之舉」。他推崇「把自己作爲靜觀默察
的沉思者」、「不事干擾對於體驗的接受」。而這些道家認
知方式的積極意義，即在於：「在許多的情況下，這是一條
通往更爲可靠、更爲真實的認知之路。」

　　馬斯洛不僅僅讚賞道家的「掌握事物本質的方法」，並
將其與高峰體驗的理論相聯繫。他認爲在高峰體驗當中的
人，那個人是會產生不同於一般的認知，而這時的體驗就好
像是與宇宙融爲一體的。

　　而「這些發現與禪宗和道家哲學更相吻合」，他強調高
峰體驗都是以突如其來的方式在發生著。

　　而當人們抱持著道家那種「聽其自然」的態度時，他便
是處於最易形成這種體驗的精神狀態當中了。

　　當然啦，馬斯洛在對於道家的「致虛守靜、天人合一」
的理解，和借鑒那個雖還處於較淺層次，但卻已啓示我們可
以一種較爲淺顯通俗的方式去面對的，那種道家所講的「致
虛守靜」等致思方式和心性修養，並予以進行現代化詮釋。
而且進而也可以發掘到其激發潛能、調節心理的豐富資源。

　　馬斯洛對於自然，亦有其道家式體悟，他在《超越性動
機論》說：「人把自然領悟爲真、善、美，有朝一日就會被
理解爲，是個體自身存在和充分發揮潛能的方式了，或被理
解爲安適自如。」

　　而在這種觀點上，確然的：那就是揭櫫「天人合一」思維所具有的心理保健和心理治療的意義。當然啦，這些認識是完全與西方那種傳統的認知觀念，那種將人與自然是存在著對立關係有非常明顯的不同，並且因之而流露出「人天相和、親近自然」的理念，並以怡情養性的道家情懷方式而出現。

　　四、自由意志與決定論：馬斯洛係秉持非決定論的看法，他不但反對物質決定論，而且也反對精神決定論。因此，他強調個人行為決定於他自己的需求和自由意志力之上，而此觀點正好也顯示出馬斯洛思想「人本」的特徵了。

　　那些人本主義心理學家們，基於對人性的高度信賴，以及對於西方心理學界，將人當成「物」來研究等弊病的深刻反思，他們業已吸收道家「順應自然」的原則了。

　　而馬斯洛也是主張以「道家的客觀」，來彌補傳統科學客觀性的不足。

　　科學客觀性，係來自於自然科學對於物或對於無生命研究物件的處理方式，以及在以人為物件的心理學研究當中。但是，如果僅只一味強調這種方法，勢將導致學科發展偏離正確方向。

　　而就「道家的客觀」性來看，則是基於對認識物件的關愛、寬容的態度。那是要用「讚許它的存在」，來欣賞它的本來面目，不管它是長什麼樣子，並且要能使我們成為「不打擾、不操縱、不干預的觀察者」而已。而且也改變了實驗科學界裡一味強調的「主動的操作、設計、安排」的做法，並轉而為重視「道家的瞭解事物的途徑」了。

　　五、舒展本性：馬斯洛提出充滿東方味道的特色，而以發現和舒展本性為宗旨的需求層次理論。特別是後來他提出的「超越性需求」，那更是留下道家思想的深刻烙印。並且因而能與西方傳統，以壓抑、控制人的本能或自然的本性為鵠的，並與外在的超越型理論有非常大的差異存在。

　　馬斯洛指出人有超越個體性的需求，而這個需求若能得到滿足，那麼他個人及社會都將因之而受惠；反之，則將會導致他所謂的「終極態」，變得極其空虛，而缺乏有意義感和焦慮不安。

　　而從表面上來看，確然的，道家是主張清心寡欲的，而馬斯洛則主張首先應滿足人的生理需求。以上二者似是相悖違逆，但是如果對馬斯洛的需求層次理論作過全面性的考察，那麼就不難發現，它們是存在著一致性的了，亦即它們均是在追求由低層次需求，再轉而向著高層次需求去發展的人生態度。

　　老莊宣導著「超越私欲、外身無己」，而他們又揭示出「利他與利己的辯證統一關係」，這些都是在強調利他行為對他個人發展重要意義的所在了。亦即係「既以為人己愈有，既以予人己愈多」；而且還要「後其身而身先，外其身而身存」。而這些理念，亦係與馬斯洛需求層次理論相通的。簡單的說，就是經常為人或予人，他就能夠滿足在其主體的歸宿需求、自尊需求、自我實現的需求了。因而，他的精神就會更加振奮，而他的人生就會更加充實在「己愈有」、「己愈多」的境界裡。

　　而那些「後其身」、「外其身」的作為，則將是有利於

個體更好的發展和生存的境地。

　　道家主張在維持基本生存需求的前提下，要去超越物質慾望，轉而追求精神層次上的昇華，並告誡人們在物質生活方面應該要「知止知足」，「不爲物累」，「不與物遷」。

　　而且更不要爲了物欲或名利、地位而喪失其人格，而「喪己於物」的；更也不要沉迷於權勢、財富或聲色犬馬，而損害他自身寶貴的生命。

　　道家認爲人生真正的幸福，不在於榮華富貴的享受；因爲如果那些幸福，係全然依賴外物的幸福而得來，那將無法得到真正的快樂，而會隨時跟隨著外物而起伏不定的。而所謂的「外物雖豐，哀亦備矣」，難免也會有令人「終身長愁」之嘆呀。

　　是故，道家係引導人們要擺脫對外物或感官上享樂的貪戀與慾望，而要追求「以內樂外」的情境，和「身心相和、天人相和」的精神境界。並且要「以大和爲樂」，而去不斷提升其需求層次。

　　馬斯洛根據他多年的臨床經驗，他亦得出與道家相似的這種結論。而那就是，人如果僅只是積極的滿足於對金錢或權力的無限度追求等的病態需求面而已，那將不僅僅不會帶給人們真正的快樂，而且還會導致人們神經症的重要原因。

　　而相反的，人們在追求那些對於愛、尊重、自我實現等高級需求的滿足，才能有那種「能引起更深刻的幸福感、寧靜感以及內心生活的豐富感」，或者是那種「高級需要的追求與滿足，才會導致更偉大、更堅強、以及更真實的個性」的產生了。因此如何幫助個人不斷的向著高級需求發展，乃

是「所有心理治療的最終目標」的了。

晚年的馬斯洛，他又在自我實現層次上，增添「自我超越層次」。他在《超越性動機論》就提出：「人有一更高尚及超越的本性」，「它是真我、自我認同、內在核心、特殊品類及圓滿人性的一部分」，而如果其超越性需求被剝奪，那就會釀成超越性病症，亦即靈魂病的產生。

也由此可知，被稱爲第三思潮的人本心理學，已發展成爲追求以宇宙爲中心、超越自我的超個人心理學了。但是，很遺憾，這一新發展趨勢的重要意義，至今仍被學術界所忽視。

其實，超個人心理學是與道家思想有著更深刻聯繫，而因有這種聯繫，也使得馬斯洛具有更爲濃厚的道家色彩了。而從老子「道」的概念及人類道德是以「自然的道」爲摹本來看，馬斯洛已然看出彌補人本主義狹隘性的途徑所在。

馬斯洛在〈超越的種種意義〉和〈Z 理論〉的兩篇文章裡，那都是標誌著是他最後完成的超越動機理論的作品。而在他的文章裡，那些他所描述的自我超越型人格特徵，確如馬斯洛在文中說的，超越型人格是會「比自我實現者更多一些道家思想」的。

當然啦，馬斯洛的需求層次理論，是建立在揚棄、整合西方生物進化論和各派心理學研究成果，及東方智慧的基礎之上的，而且也勾勒出需求係由低層次向高層次需求遞進過程而演進，故其理論更具普遍意義和系統性在內；而這就是道家所無法企及的了。

但是，道家的「少私寡欲、寵辱不驚」等人生哲學態度，

那是更有助於個體在非良好環境中的養德調心了，自也超越依次遞進的常規次序，而那由低層次需求直抵高層次需求，而激發其潛能，昇華其生命境界，創造人生的輝煌境界，而這又是馬斯洛所未能企及的了。

三、需求層次動機理論基本假設與重點

馬斯洛在 1943 年發表的《人類動機的理論》（A Theory of Human Motivation Psychological Review）一書當中，他提出了需求層次動機理論。他所提出的「需求層次動機理論」是在研究組織激勵時，其應用最爲廣泛的理論。而其需求層次動機理論是解釋人格的重要理論，也是解釋其動機的重要理論。

馬斯洛所提出個體成長內在動力，其實那就是動機。而所謂動機，那是由多種不同層次與性質的需求所組成。而且在其各種需求之間，那是有高低層次與順序之分的，而在每個層次的需求與滿足程度上，都將決定該個體人格發展的境界。

（一）需求層次動機理論基本假設

1.人要生存，所以他的需要能夠影響他的行爲。只有尚未滿足的需要才能影響他的行爲，而如果是已經滿足的需要，那就不能充當激勵工具了。也就是說，某一層次的需要相對滿足，就會向高一層次發展，而追求更高一層次的需要就成爲驅使行爲的動力。同樣的，獲得基本滿足的需要，就

不再會是一股激勵力量。例如，當一個饑餓的人爲了吃飽肚子，也許他會不顧自尊心的低聲下氣，或者以搶或者以奪，或者以乞求的方式，甚至於是出賣肉體的，而其目的只是爲了吃飽飯而已；可是當他在豐衣足食的時候，那麼那個麵包問題就不能驅動他了，對他沒有誘發力，而他很可能會去追求更高級的目標。

2.人的需要，按其重要性和層次性排列成一定次序，而那是從基本的（如食物和住房），而到複雜的（如自我實現）需求。而需求也像階梯一樣，是從低到高的，是按層次逐級遞升而上的，但這樣的次序並不是完全固定的，而是也可以有變化，也可以有種種例外情況的出現。馬斯洛也認爲，或許也可能存在著一些以下的例外情況：

例如：有些人會把自尊心看得比愛更重要；而對那些有天賦的人來說，其創造性驅動力是要比其他的決定因素來得更重要。然而，對於一個長期失業的人來說，能夠獲得足夠食物，那就是最令他爲之心滿意足的事了，因此他的抱負水平可能永遠只是壓抑或低下的而已。至於對那些心理變態的人來說，他們則是會永遠喪失愛與被愛的需求。

而當我們的某種需求，能夠長期得到滿足以後，我們就常常會出現對這種需求價值的低估現象；我們會有意識的感受到需求或願望與用行爲表現出來的優勢需求，在層次上可能會出現不同的狀況。

所以，當一些擁有崇高理想的人，他可能會爲了追逐理想境界，而選擇放棄他的生命等。

3.當人的某一級需求得到最低限度的滿足，他才會追求

高一層級的需求，而如此逐級上升，就成爲推動繼續努力的內在動力了。馬斯洛認爲，人類的基本需求之間是相互聯繫著的。而如果一種需求得到滿足以後，那麼追求另外一種需求就會接著出現的。當然啦，在經常的情形是，這些需求往往僅只是部分得到滿足而已，實際上並未得到完全的滿足。而對另外一部分需求，卻是很難得到滿足的。

而隨著優勢需求等級層次的升高，那麼其滿足的百分比就會逐漸減少。而越是處於低層次的需求，其需求程度也就越是強烈；相反的，越是往高層次的需求，其需求程度也會越低。

4.需求是人性：凡不同的人，在不同的時間、地點裡，就會有不同需求存在；而不同的需求，是具有高低不同的層級。

在馬斯洛看來，人類的價值體系，存在著兩類不同的需求：一類是沿著生物譜系上升方向，而逐漸變弱的本能或衝動，稱爲低級需求或生理需求。而另一類則是隨著生物的進化，而逐漸顯現出來的潛能或需求，稱爲高級需求。

人類首先是要致力於滿足其較低層級需求，而當其較低層級需求滿足之後，才會轉而追求更高層級的需求。

需求可以分爲高低兩層級，其中生理上的需求、安全上的需求和感情上的需求，都是屬於較低層級的需求，而這些需求都是通過外部條件就可以滿足的；然而那些尊重的需求和自我實現的需求，都是屬於高級需求的層級，那都是要通過內部因素才能滿足的，而且每一個人對尊重和自我實現的需求都是無止境的。

在同一個時期裡，每個人可能都會有幾種需求存在著，但每一個時期總會有一種需求占據著支配的地位，而對個人的行為起了決定性作用。任何一種需求，都不會因為有更高層次需求的發展而消失。而各層次的需求是相互依賴和重疊著的，而高層次需求發展以後，低層次需求仍然會存在著，只是對行為影響力的程度大大減小罷了。

5.馬斯洛和其他的行為科學家們都認為，一個國家多數人需求層次的結構，是同這個國家的經濟發展水平、科技發展水平、文化和人民受教育的程度有直接相關的。在不發達的國家裡，其生理需求和安全需求占據主導地位的人數比例會較大，而高級需求占據主導地位的人數比例會較小；而在發達的國家裡，則剛好是相反的。

（二）需求層次動機理論重點

1.需求層次理論的動機理論，具有自己的方法論和重心所在。如果不把握這些重心所在，那就有可能產生曲解。馬斯洛強調，理解需求層次動機理論，需要特別注意以下三個重點。

（1）堅持以人為中心，以健康人為研究對象，是重視健康動機的研究。在馬斯洛之前的主要研究學派，是以佛洛伊德為代表的精神分析學派和以華生為代表的行為主義學派。他們的主要研究對象，都是以精神病人和動物作為研究對象。

而馬斯洛在進行心理治療時，他是接受精神分析以及研究人格的人，然他卻發現原來的經典心理學理論，已經捉襟見肘，使不上力了。

　　爲取得真正的科學結論，馬斯洛認爲，心理學的研究必須要把對象轉移到健康人的動機去研究，而其所研究的對象是人類而不是白老鼠，是正常人而不是病人。

　　在他看來，以建立在精神病人和動物爲基礎的理論，解釋普遍存在的健康人的問題，往往會帶來錯誤的引導方向。

　　馬斯洛他不研究動物，因爲他認爲隨著物種進化，動物的各種需求狀態，也已經發生變化了。例如，人對於饑餓的需求，不再會是強烈，但卻更重視需求的口味。

　　馬斯洛不研究精神病人，是因爲他了解精神病患者只能使我們獲得，使神經趨於穩定的信息；但卻喪失對人類更優秀品質的洞察力。

　　而研究健康人，那是希望找到那些推動人類個體發展和社會發展的特徵所在。

　　（2）堅持整體動力論，闡明動機和環境的關係，以及動機和動機之間內在的整體動力的關聯性。而在這一點的研究上，馬斯洛繼承了完整心理學的思路，他認爲個人是一個統一的、有組織的整體，因此會受到需要驅動的是一個完整的人，而不是某個人的某個部分而已。

　　當一個人感到饑餓時，他所有的器官都會覺得很是餓壞了，他整個人都是需要食物的，而不單單只是他的腸胃消化器官需要食物而已。

　　馬斯洛還強調說，分析人類的動機，必須考慮到環境與文化對有機體及其動機滿足的影響；但同時又不可陷入純粹的情境理論，還應看到有機體是有其天生的內在結構，並且能主動的創造心理環境等的事實。

　　（3）動機理論的研究，需要擯棄文化差異性，而直接對人類共有的基本目標或需要進行研究。

　　文化人類學已經有充分證據顯示，人類滿足各種需求的方式雖有極大文化上的差異性，但人類所追求的基本或終極目標仍都是相當一致的。

　　而且，人類所共同擁有的基本特徵，那是要遠大於由文化上所造成的差異性，因此馬斯洛的研究工作，主要集中於尋找人類的共同需求。

　　另外，在人類動機的研究上，都需要有一定先決條件；而社會環境或社會條件與個人動機之間，會有很密切的關係存在。如果這些先決條件得不到滿足，那麼對基本需求的滿足，也就將無從談起。

　　馬斯洛認為這些條件有：言論自由，那是在不損害別人的前提下可以自由選擇的行為，而社會也具備相應的自由、正義、誠實、公平及秩序等優良品質。需求層次只有在具備這些先決條件下，才能逐級得到滿足，而它們也共同構成基本需要的外部環境。

　　2.馬斯洛的人本主義心理學思想，主要是載於 1954 年出版的《動機與個性》。惟他所指稱的「動機」，並非如同一般人所持的「動機是促發行為的內在力量」的說法；而是在指陳人性本質中的善良根性。

　　動機就像一棵大樹的種子，在長成大樹之前，在其種子之內，早已蘊藏著將來會長成一棵大樹的內在潛力。

　　人類的動機是一個人出生以後，在其一生的成長發展的內在潛力。因此馬斯洛的動機理論，亦即是其人格發展理論。

馬斯洛在該書中，將動機視爲是由多種不同性質的需求所組成，故而稱爲需求層次理論（need-hierarchy theory）。在 1954 年，他在書中將動機分爲五個層次：即生理需求（psysiological needs）、安全需求（safety needs）、愛與歸屬需求（love and belonging needs）、尊重需求（esteem needs）和自我實現需求（self - actulization needs）。

　　3.「Theory Z」文章：後來馬斯洛開始感到上項分析架構仍有所不足，且其「自我實現」似仍不足以說明人類精神生活所追求的終極目標。而人們需要「比我們更大的東西」來超越自我實現。

　　所以到了 60 年代以後，馬洛斯經常和蘇蒂奇等其他人本心理學家們，相互討論超越人本的問題。

　　後來，他們開始醞釀這一新領域的心理學，而那就是「第四勢力」或超個人心理學（transpersonal psychology）。而馬斯洛認爲這種心理學是以宇宙爲中心，而不是以人的需求和興趣爲中心。它超出人性、同一性和自我實現的概念，並且在此基礎，馬斯洛修正和拓展了他的自我實現心理學，特別是在需求層次理論和自我實現理論等課題上。超個人心理學誕生以後，在西方也迅速發展而產生巨大影響力。

　　馬斯洛開始研究他的「超越人本主義」或稱「後人本主義」或爲「超越性人格理論」；而這是因爲馬斯洛早在 1950 年代時，他就越來越發對東方文化感到相當興趣，特別是在 1959 年以後那段日子裡，他所涉獵東方觀點是越來越多了。

　　而他對東方文化的研究，也促使他反思他原來已經創建的人性觀，並結合他對自我實現的精神生活與行爲方式的深

入研究。

　　馬斯洛發現，在人類的天性中還有比「自我實現」更高層級的追求。而那就是作爲最高需求層次的「精神的自我實現」或「超越的自我實現」的需求。

　　於是他著手修正第三勢力心理學，並致力創建一種新的心理學。有時他稱這個新的心理學爲「高度心理學」，有時也稱「第四勢力的革命」或「第四勢力心理學」或「第四心理學」。而在最早時期，馬斯洛是給這種心理學取名爲「超人本心理學（transhumanistic psychology）」或「超個人心理學（transpersonal psychology）」的。

　　而且在 1967 年，馬斯洛就在學術界公開宣稱這種新心理學及其刊物的誕生了。

　　雖然在 1969 年，馬斯洛因心臟病發作而大幅減少其工作量，但他仍爲《超個人心理學雜誌》（Journal of Transpersonaal Psychology）創刊號提供兩篇文章：而那就是〈人性能企及的境界〉（The Farther Reaches of Human Nature）和〈超越的種種含義〉（Various Meanings of Transcendence）。而且僅由這些篇名的端倪，就不難看出馬斯洛思想，已經由人本進化到超個人了。

　　馬斯洛在第一篇中寫道：「……第三心理學逐漸讓位給第四（勢力）了，『超人本心理學』著眼於超越性的經驗，及超越性的價值。……這個新運動的另一個重要特色，便是再度神聖化，再度靈性化。而其中立的科學價值，有意剔除其神聖性，而將一切東西予以中性化，力求其實證性。而且它只取得可用的那一部分，也就是感官可以捕捉得到的資料

而已；而超人本思想，則爲我們帶來嶄新的一面。

　　當你打開價值及高峰或超越性經驗的那一扇門以後，整個嶄新的可能性便會出現在眼前，而有待你去挖掘開發。……我們所面對的是人的新形象，而這就是關鍵的所在了，而其餘的一切，也將隨之而展開。」

　　其實，在這裡我們可以指陳，馬斯洛有一個最重要的重點，那便是我們絕對不可以忽略的，那就是馬斯洛自從由純人本的層面上，逐漸演進到超個人及超人本觀點以後，他就開始修正他那最有名的「需求層次」的理論了。

　　在 1954 年，身爲人本心理學中流砥柱的馬斯洛，他就出版了其影響極其深遠的鉅著《動機與人格》（Motivation and Personality）。在該書中，馬斯洛提出他的需求層次理論。根據馬斯洛晚年的思想來看，他說他在 1954 年所提出著名的需求層次理論，也應該要進行修正工作的時候了。而這也是說，在自我實現的需求上，還會有一種「超越性需求」或「超越自我實現需求」存在，而那個需求理論就變成七個需求層次，而不僅僅只是五個需求層次。而這一來，其最高層次需求，就不是「自我實現」，而是「超越自我實現」的層次。

　　所謂超越，指的是一個人不僅要將自我潛能的發揮，作爲其最高需求和目的，而且是要將自我實現與他人和大自然，甚至於是與整個宇宙聯繫起來的。而這就是一種東方「天人合一」的觀點，也是一種後現代觀點。

　　馬斯洛的這些觀點，也還是在深入研究自我實現基礎上所提出。他發現有很多具有自我實現能力的人與傳統上對覺悟者（enlightened persons）的描述有著驚人相似之處。

　　他說：具有「自我實現」者的人，那些人是有真實取向的人（reality-oriented）、能接受自己和他人，而且能享受孤獨的、能夠自立自強的、且對生命總是懷有感激之情的人。而這種人就會經歷到與他人合一血肉相連的高峰體驗。

　　具有自我實現能力的人，他們是一個會謙卑的、非自我中心的人。他們會樂意幫助他人，並且自動自發地致力於社會問題的解決。

　　馬斯洛也發現，那些具備自我實現能力者，往往會獻身於一項事業。他們會專心致志地從事某種工作，似乎命運特別安排他們去做這種工作，而那個工作就是他的使命所在，他會傾全力以赴的完成它。同時，他們也會喜歡這種工作，在他們通過工作而實現自我潛能的過程當中，那也是他們為社會作出最佳貢獻的過程了。

　　於是馬斯洛將自我實現者區分為兩種水平：一種是在個人水平上的，而另外一種是超乎個人水平的；而其前者是人本心理學的主要研究物件，而後者是超越個人心理學的主要研究物件。

　　馬斯洛在去世前一年裡（1969 年），他還發表一篇「Theory Z」的文章，他反省他原先所發展的需求理論 —— X理論（包括 1.生理需求 2.安全需求 3.愛與隸屬需求 4.受人尊重需求）、Y 理論（5.自我實現需求）以外，並增加「Z 理論」，亦即他提出了第七階層的「最高需求」的存在。

　　他曾用不同的字眼來描述這種新加入的最高需求，而那就是諸如超個人、超越、靈性、超人性、超越自我、神秘的、有道的、超人本、天人合一，以及「高峰經驗」、「高原經

驗」等都是屬於這一層次的字眼。

　　而這樣一來，馬斯洛就建構了一個他的全新的 Z 理論，並且用來打破舊有的管理理論，他相信人性化的工作環境是時勢所趨。Z 理論的假設爲：當人們一旦達到經濟需求的基本安全感以後，他就會努力提升他自己的生活價值。而他也會尋求一個他可以發揮自己的創造力及生產力的工作場所。

　　馬斯洛當時所描繪的未來，其實那就是很接近於今日的數位經濟產業。由於在數位經濟產業的競爭當中，企業所能憑藉的優勢就是員工的知識與智慧，而這種對知識與智慧的重視度，使得注重人性管理的理念提前到來。而且那些能在知識競爭當中脫穎而出的公司，那也正是「開明管理」的公司。而在那種「開明管理」的公司裡，那是需要尊重、授權、激發創造力，以及鼓勵員工追求自我實現的管理制度。

　　馬斯洛在 1940 年代時，就提出那個需求層次理論（need-hierarchy theory）。然而當時他並沒有特別與企業管理相連繫著。而之所以會與企業管理緊密連繫，而且會對企業管理有很深遠影響，那是由於在 1960 年，MIT 教授道格拉斯‧麥格雷戈（Douglas McGregor）發表了《企業的人性面》（The Human Side of Enterprise），而那時麥氏是引用許多馬斯洛的層次理論，並擴展成為 Y 理論的相關假設關係，因此麥氏也因而被稱作「X 理論與 Y 理論之父」。

　　在管理學中的 X 理論和 Y 理論（Theory X and Theory Y），如果我們再概括的說：那就是由美國心理學家道格拉斯‧麥格雷戈（Douglas McGregor）於 1960 年在其著作《企業中人的方面》一書中所提出。而該理論是關於員工工作原

動力的理論，是針對基於兩種完全相反的假設而建構起來的企業管理理論。

在 X 理論，係認為人們有消極的工作原動力，而 Y 理論則認為人們有積極的工作原動力。簡單的說，X 理論和 Y 理論，實際上是企業管理員工兩種截然不同的理論觀念。

X 理論是一種曾經流行於美國企業界的專制式管理方式。而該專制式管理方式，實際上是馬斯洛建立需求理論以前，比較通用的管理方式。

在 X 的理論當中，那是把人看成是被利用物，是一種無「個體」存在意義，也就是沒有任何「人性」意義存在的，而只有物的屬性或者是「量性」的屬性。因此人是可以被隨意呼來喝去，也可以被隨時隨意更換掉的奴隸或者下人。

而且該理論還認為，人的本能是厭惡工作的，是好逸惡勞的（而這也就是「原罪說」的勞動觀）。在人的本性上，人們會儘可能逃避工作，會偷懶、摸魚打渾。而且絕大多數員工是沒有雄心壯志，或者很少有創造力，而且他們懼怕承擔責任，因此管理者必須對企業員工採取某種逼迫、控制、指導、甚至於懲罰等專制管理方法，才能促使他們完成企業所指派給他們的工作與任務。同樣的，企業對員工們的激勵方式，也就只能在他們的生理需求和安全需求層次上打轉，才能夠起一些作用的。

而在今天的現實環境當中，我們仍然可以很容易發現，有許多企業管理者，還是在延續著這種簡單的、粗暴的、比較物質化式的管理，而把企業管理重心放在「事件」管理，同時也把人當做事物或資源來管理。而所謂的人類資源，就

是這個意義了。

　　而 Y 理論則是在抨擊 X 理論的基礎上，所發展的員工管理思想，那是一種與 X 理論完全相反的假設，而且是基於馬斯洛早期需求五層次理論的基礎所提出。

　　在對人的認知上，如以 Y 理論與 X 理論來作相互比較，則我們可以發現到 Y 理論對人的認知，確實已經有很大不同。因為 Y 理論已不再把人看作是被動的物件，而是看作具積極主動意識的生命體。而另從勞動觀點來看，Y 理論認為一般人在本性上不一定會厭惡工作。而如果是提供適當機會或條件，那麼員工們也可能會喜歡工作，而且他們也會渴望在工作中發揮他們的才能。而且就大多數人來看，他們都會願意為工作而承擔責任，並且希望能在工作中尋求發揮能力的機會，以求一展長才。

　　同樣的，物質性懲罰或是負向懲罰，並不是使人為企業目標而努力工作的唯一辦法。也就是說，激勵政策可以用在馬斯洛需求理論的各個層次上，而且都可以發揮到相當的激勵作用，而不是僅僅局限於物質層次的激勵才可以發揮作用。換言之，對不同層級的人，企業管理者應該使用不同的激勵方法去激勵員工，而把其潛能激發出來。

　　此外，Y 理論也還認為，人的想像力和創造力是人類廣泛具有的能力，並不單單只是專屬於少數企業管理者，而其關鍵點就是管理者會不會把員工的創造力激發出來而已。

　　另外還有一個關鍵重點，根據 Y 理論，每個人都會表現為一個積極的勞動者，他們都會有積極的「人性」的一面，而其「人性」的發展是貫穿於從發育不全到「人格」完滿的

各階段和層次上的。所以，實際上，Y 理論是強調應給予員
工自我發展的「健康型需求」的必要性。

　　也因為在 X 理論和 Y 理論的連繫建構上，馬斯洛需求理
論才與企業管理產生某種密切關聯性。而在這裡，我們也可
以再回顧 Z 理論的起源：那就是，首先是麥格雷戈借用馬斯
洛的需求理論而建構一種他稱之為 Y 理論的企業管理理論
（企業員工工作動機管理理論）。而後馬斯洛又回過頭來在
麥格雷戈的 Y 理論思想基礎上，進一步的推演，而提出所謂
的 Z 理論。而所謂的 Z 理論，那就是馬斯洛的「超越人性」
的另外一種說法。

　　馬斯洛所以提出 Z 理論，那是馬斯洛在研究麥格雷戈的
Y 理論之後，發現到 Y 理論還不能夠代表自我實現的全部內
涵，因為 Y 理論只是揭示某種自我實現而已。馬斯洛認為 Y
理論所描述的人，「僅僅只是健康」的那一類型的自我實現
者而已。而對馬斯洛來說，他還看到另外一種超越 Y 理論的
自我實現者，而這就是馬斯洛的 Z 理論。所以馬斯洛的 Z 理
論，那是一種期許對超越人性需求的實現，也是一種主動擁
抱宇宙「靈性」的「高峰體驗」的實現。

　　由此可見，雖然在馬斯洛的 Z 理論，原來也並不是直接
關注到企業領域，但是因為 Z 理論與 X 理論和 Y 理論相互
間發生微妙關係，所以 Z 理論也就與企業管理有了關聯性。
而這個 Z 理論，又往往與企業精神或者最成功的企業家的心
智有關。所以馬斯洛的 Z 理論，那是與馬斯洛晚期思想存在
著很大關係，而也與企業管理有著很大連繫關係存在的。

　　馬斯洛心理學理論對實證科學體系，是具有一種非常大

的超越和衝擊性力量的,而這種超越力量至少包括兩個方面:

第一、就是馬斯洛的五層級需求理論,它超越「物性」或「理性」需求,而找回人類本性的「人性」需求。

第二、就是馬斯洛晚年對自己早年理論的超越,也就是從俗世的「人性」而達到高峰的「靈性」的超越。而這實際上,也揭示人類生存「返本歸真」的意義了。也就是說,人類在世上的意義,不僅僅是「活着」而已,或者只是追逐人世間所謂的幸福而已。在唯物論裡,那僅僅是把人局限於「身體」的這個最低層級之上而已。然而馬斯洛卻已經實現了從「身」到「心」,再從「心」到「靈」的飛躍境界,所以馬斯洛理論,在西方知識體系中絕對是一個異類,是前所未見的創舉。

而 Z 理論的創見者馬斯洛和「X 理論與 Y 理論之父」的麥格雷戈,這兩位大師在 1960 年的某一天裡,他們於麻州劍橋初次見面了,當時他們曾展開一場很精彩的對話。而他們當時那發自對人類良知深處的呼喚,仍是如此震撼人心。

馬氏與麥氏會面當天,他們兩人曾共同提出六大問題,懇請每位領導者攬鏡自問的回答。而那問題就是:(一)我確信人是值得信賴的?(二)我確信人是願意承擔責任的?(三)我確信人會努力追求工作的意義?(四)我確信人是天生就希望學習的?(五)我確信人雖然拒絕「被改變」,但卻不拒絕自己的改變?(六)我確信人是比較喜歡工作的,而不願意遊手好閒的?而對於這六個問題的答案,就可以反映出不同的領導人對於人性所秉持的哲學理念,並且決定其管理文化與組織架構。

　　而相信「一般人都是比較不喜歡工作，管理必須注重控制，員工不需要有成就感」的，那是屬於 X 理論的支持者；而相信「一般人願意享受工作，主動承擔責任，追求自我實現」的，則是屬於 Y 理論的支持者。

　　很不幸的是，X 理論的管理哲學仍為當今主流所在，馬斯洛在《基業長青》（Built to Last）書中說道：「害怕、不信任、壓迫、以及威逼利誘的管理方式與獨裁主義，在 1990年代仍相當盛行。而這不只是大型企業實行這種獨裁制度而已，就連許多中小企業，也都是遵行 X 理論來管理員工。」

　　更諷刺的是，有許多的心理病態是與 X 理論有相當關連性的。而對於心理較健康的領導人來說，他們是傾向於採行Y 理論的管理，而心理較不健康的領導人，那是比較可能會採取 X 理論的管理。

　　同樣的道理也顯示出：受到 Y 理論管理的企業會比受到X 理論管理的企業，其員工的心理狀態會是更為健康的，而其生產力也會是更高的，而每個員工也更容易發揮其潛能與創造力，以達成自我實現目標，亦即達成馬斯洛需求層次理論的最高層次目標。

　　在馬斯洛心目當中，他是這麼認為：社會愈是健全的話，那些經理人的心理就愈是健康；而其員工心理也會愈為健康，當然其生產力也愈高，而其企業也愈為健全，而這也就可以使得社會更為健全的了。

　　因此，根植於 Y 理論的開明管理（enlightened management），就可以視為是民主思想的一部分了，因為開明管理可以協助社會創造更為民主、更慈善、更不具破壞力的公民。而這也

是馬斯洛管理哲學的精義所在。我們愈注重企業的人性面，我們就愈接近到人類心靈的本質和生命的意義。

另外，關於企業管理的理論，在日本，也有學者威廉・大內，在比較過日本企業管理文化和美國企業管理文化的不同特點之後，他將日本的企業管理文化加以歸納，並參照 X 理論和 Y 理論，而提出他自己的在企業管理方面的 Z 理論。威廉・大內的 Z 理論，實際上是在強調日本企業管理文化中的特性。而那些日本企業管理文化的特徵，主要的就是由信任性、微妙性和親密性所組成的。

如果是根據威廉・大內的 Z 理論，那麼管理者就要對員工表示出信任的態度。而這種「信任性」的態度，往往是可以激勵員工以更真誠的態度來回饋企業、對待同事的，並爲企業做最忠心耿耿的認同與工作了。而就「微妙性」來說，那是指企業要對員工的不同個性進行了解，以便根據員工各自的個性和特長的所在，而組成最佳的搭檔或工作團隊，而因之可以提高其勞動生產率。而若就「親密性」而言，則那是在強調個人感情的作用，提倡在員工之間應建立出一種親密和諧的夥伴關係，促使他們爲企業目標而共同努力。

四、人的七個需求層次意義

馬斯洛在 1970 年的新版書內，將其原先的五個需求層次理論，又改爲如下的七個需求層次理論。

（一）七個需求層次理論：人的需求層次是如同金字塔一般，是可以區分爲七個需求層次：1.生理需求（psysiological needs）、2.安全需求（safety needs）、3.愛與歸屬需求（love and belonging needs）、4.尊重需求（esteem needs）、5.知的需求（need to know）、6.美的需求（aesthetic needs）、7.自我實現需求（self - actulization needs）。

（二）七個需求層次的意義：在馬斯洛看來，那些生理需求是人類最基本需求和慾望。但是人類不會安於低層次需求，而會在較低層次需求被滿足之後，其需求就會往高處發展。在滿足生理需求之後，就會追求心理滿足和社會認同，而之後就想被愛、被尊重，並希望人格與自身價值的被承認，而這就是人類共同特質。人的七個需求層次的意義如下：

1.生理需求：指人們對維持生存及延續種族命脈的需求；也就是人類要滿足飢餓、口渴、溫暖、性等的基本需求。或者那是人對於食物、水、空氣和住房、休息、性和從緊張中解放等的需求。而這一類需求層級別是最為低下的，但當人們在轉向較高層次需求之前，他總是要先儘力滿足這類的需求。而當一個人在飢餓的時候，他是不會對其它的任何事物感到興趣的，他的主要動力來源就是要如何想辦法，才能得到食物而已。

不幸的是，即使到了今天，也還有許多人不能滿足這些基本生理需求。但是，生理需求對人類來說，那是頂重要的，因為那是人類維持自身生存最基本的要求，如果連這些生理需求都得不到滿足，那麼人類的生存就成了很大的問題。

而在這個意義上來說，所以人的生理需求就是推動人們行動最強大的動力。馬斯洛認為，只有這些最基本需求滿足到能維持其生存所必需，其他的需求才能成為新的激勵因

素，而到了此時，這些已被相對滿足的生理需求，也就不再成為激勵的因素了。

　　那麼，什麼是生理需求未經滿足的特徵?那就是對其他的什麼都不想了，而就只有一個念頭存在著，那就是要如何讓自己能夠活下去的念頭而已，而其所有的思考能力、道德觀等，也都會明顯的變得異常脆弱而不堪一擊，而那些燒殺擄掠、奸淫搶奪的負面作為，也都將油然而生、到處橫行，而道德淪喪、社會秩序敗壞也是必然的現象了。

　　當一個人在饑餓之時，他是不會對其它的任何事物感到有興趣的。而他的主要動力來源，那就只會是專注在如何設法才能得到食物而已。我們可以知道，在戰亂時是不會有排隊領麵包的那種守法、重秩序的情況可以見到的。而在那個危殆時候，人們將只會有爭先恐後與暴力搶奪的情形發生。而這也就是人類為維持其自身生存最基本需求，而不得不然的行為。

　　人類如果連這些基本生理需求都得不到滿足，那麼人類的生存就成為嚴重的問題了，而人類也或許就要面臨死亡或是毀滅。而在這個意義上來說，那些生理需求就是推動人們行動力最強大動力來源了。

　　馬斯洛認為，只有這些最基本的生理需求，能夠滿足維持其生存所需要程度以後，那麼其他的需求，才能夠成為新的激勵因素。而到那個時候，這些已經獲得相對滿足的需求，也就不再會成為其激勵因素了。所以當管理人員以生理需求來激勵員工時，那是假設員工係為報酬而工作所獲得的結論。而就其激勵措施來看：那便是採用增加工資、改善勞動

條件、給予更多業餘時間和工間休息時間，以及提高福利、待遇等，而這些都將會是極為有效可行的誘因。

　　馬斯洛的理論也告訴我們，生理需求只是人們的最基本需求。所以，在對待員工上，所謂的物質獎勵，也只是最基本的獎勵。而隨著社會快速發展，人們的需求層級會不斷予以提高，而員工當然也會要求更多，而會向得到社會認同和尊重這個方向而努力趨進。

　　而反映在企業管理的理論上，那就是從泰勒的科學管理之後，有一個再也沒有改變過的主題，而那個主題就是對人尊重的重要性。在現在的企業組織當中，已經沒有比尊重個人更為普遍和明確的價值觀了。在泰勒的科學管理，他也是要求我們在企業管理當中，應該進行一種人性的回歸，而實行以尊重員工為核心的人本管理。

　　2.安全需求：人的安全需求，包括人對人身安全、生活穩定以及免遭痛苦、威脅或疾病、金錢等的需求。而那就是和生理需求一樣，在安全需求沒有得到滿足之前，人們唯一所能關心的就是這種安全需求而已。

　　對許多員工而言，安全需求就是表現在為安全而穩定以及有醫療保險、失業保險和退休福利等措施上的，並且要避免員工收到雙重指令而混亂，而不知如何遵行。

　　而對那些主要是受到安全需求激勵的人而言，他們在評估職業時，是會把它看作是不致於失去基本需求的滿足保障。而如果管理人員認為對員工來說，安全需求是最重要，那麼他們就要在管理當中著重利用這種需求性，要強調規章制度、職業保障、福利待遇，並保護員工不致於失業。而如

果員工對安全的需求，是非常強烈時，管理者在處理問題時就不應該標新立異，並應該避免或反對冒險性的決策，而員工們也將循規蹈距地完成他的工作。

所謂安全需求，其實這也是人類要求保障自身安全、擺脫事業和喪失財產的威脅、避免職業病的侵襲、接觸嚴酷苛刻的監督等方面的需求。馬斯洛認為，人的這一整個的有機體，是一個追求安全的機制。人的感覺器官、效應器官、智能和其他的能量等，主要的就是作為尋求安全的工具，甚至可以把科學和人生觀都看成是滿足安全需求的一部分。當然啦，當這種安全需求一旦相對滿足，那也就不再會成為其激勵因素了。

而此亦指出，人們的需求能夠受到保護與免除遭到威脅迫害，從而可獲得安全需求。而這或者可說，安全需求係為免於受到生理傷害與心理恐懼，而希冀能對其身體、感情的安全、安定與受到保護；亦即對安全感、舒適、穩定性、祥和和免於焦慮、恐懼的自由的需求。

對這種安全需求來說，其所呈現的是一幅更為複雜的圖像，因為有更多潛在的主觀性存在著。而根據馬斯洛觀點，孩子們是比大人們更容易出聲以表現其對安全的需求，而大人們則經常是較為默不作聲的，或是隱忍與壓抑的。而對於有神經質的人來說，因為他本身是不能延緩自身對潛在危險的恐懼感，且其恐懼感是即時爆發的，所以他因而經常會努力做一些事情，以避免環境中不確定性的干擾。

人們缺乏安全感的特徵：經常感覺自己對身邊事物是受到很大威脅，或者他總是覺得外界對自己是很不公平的或是

很危險的。而且，他會認為一切事物都是危險的，而變得非常緊張、徬徨與不安，並認為一切事物都是「險惡」的。例如：當一個小孩子在學校裡被同學欺負，或是他受到老師的不公平對待，因而他會開始變得不相信這個社會，也變得不敢表現自己、不敢擁有正常的社交生活（因為他認為社交是很危險的事情），而想藉此種逃避來保護他自身的安全。

　　一個成年人，如果在工作上是不順利的、薪水微薄、養不起家人等，那麼他就會變得自暴自棄。或許他會每天利用喝酒、吸煙、吸毒來麻醉自己，尋找短暫安逸感。

　　3.愛與歸屬需求（love and belonging needs）：包括對友誼、愛情以及隸屬關係的需求。這一個層次的需求，包括兩個方面：（1）是友愛的需求，亦即人人都需要伙伴間、同事間融洽或保持友誼和忠誠的關係；人人都希望得到愛情，希望愛別人，也渴望接受別人的愛。（2）是歸屬的需求，即人人都有一種歸屬於一個群體的感情，希望能成為群體的一員，並相互關心和照顧的需求。

　　一般來說，感情需求是比生理需求來得細膩精緻，它是和一個人的生理特性、經歷、教育、宗教信仰都有密切關係。而這也就是所謂的社會性需求（belongingness needs; social needs）；也就是指被人接納、愛護、關注、鼓勵及支持等的需求。而那也是被愛和有歸屬感的需求，是人際間的互動、感情、陪伴和友情、擺脫孤獨等需求。也或者可說，那就是愛與被愛、家人、愛人、朋友、工作夥伴等的歸屬感；而那是對歸屬、親近、愛與被愛的需求了。

　　在剛開始的時候，馬斯洛認為這個第三層次的需求，僅

只是愛的需求。後來他擴展了這一個概念，他把「社會需求」也包含在其中。

當生理需求和安全需求得到滿足，社會需求就會被突顯，並進而產生激勵作用。在馬斯洛的需求層次中，這一個層次是與前兩個層次截然不同的。而這些生理需求、安全需求和社會需求等，如果得不到滿足，那就很容易影響到員工的精神，導致高缺勤率、低生產率、對工作不滿及情緒低落等負面作為發生。

管理者必須意識到，當社會需求成為主要激勵能源時，工作被人們視為尋找和建立溫馨和諧人際關係的機會，所以那些能夠提供同事間社會往來機會的職業，就會受到相當重視。如果管理者感受到下屬是在努力追求滿足這類型需求，那麼他們通常會採取相當支持與讚許態度，並且十分強調企業能為員工共事的人，而開展有組織的體育比賽和集體聚會等業務以外的活動，並且遵從集體行為規範。

而在馬斯洛早期作品裡，他認為性本能和靈長類動物的進攻性有着相當密切的聯繫，他把愛看做是以感情為基礎，而不是以進攻性為基礎，他這樣的觀點，也適用於更廣闊社會關係的網絡中。

所謂缺乏社會需求的特徵：那就是沒有感受到身邊人的關懷，而認為自己並沒有活著的價值。例如：當一個沒有受到父母關懷的青少年人，他就常會認為自己在家庭中是沒有價值的，所以他在學校裡進行結交朋友時，自會無視於道德觀和理性，而不管青紅皂白的，就僅只是希望積極的尋找朋友的友誼或是被同儕認同而已。譬如：青少年為了讓自己融

入社交圈中，而甘願接受被驅遣，而甘願幫別人做牛做馬，甚至於是吸煙、吸毒、集體鬥毆、惡作劇等惡習惡性。

　　管理者必須意識到，當社會需求成為主要激勵來源時，工作是被人們視為是尋找和建立溫馨和諧人際關係的機會點。而那些能夠提供同事間社會往來機會的職業，就會受到相當重視。

　　4.尊重需求：人人都希望自己有穩定社會地位，要求個人的能力和成就會得到社會承認。

　　尊重的需求又可分內部尊重和外部尊重兩種。內部尊重是指一個人希望在各種不同情境當中，具有實力、能勝任、充滿信心、又能獨立自主。總之，內部尊重就是人的自尊自重。而外部尊重是指一個人希望有地位、有威信，能受到別人的尊重、信賴和高度評價。馬斯洛認為，尊重需求得到滿足，才能使人對自己充滿信心，對社會也有滿腔熱情，而能體驗到自己活著的用處和價值所在。

　　尊重需求既然包括對成就或自我價值的個人感覺，那麼自也包括他人對自己的認可與尊重。

　　有尊重需求的人，會希望別人按照他的實際形象來接受他，並認為他有能力，能勝任工作的困難與艱辛。

　　有尊重需求的人，他們關心的是成就、名聲、地位和晉陞機會。而且這是由於別人認識到他們的才能而得到的。而當他們得到這些回饋時，他們不僅贏得人們的尊重，同時就其內心感覺，因對自己價值的滿足而也會充滿自信。但是，如果不能滿足這類需求，那就會使他們感到沮喪不已。

　　管理人員在激勵員工時，應對有尊重需求的員工給予特

別注意，通常對他們應採取公開的獎勵和表揚。而在分配工作時，管理人員就要特別強調工作的艱鉅性以及成功所需要的高超技巧等。而頒發榮譽獎章、在公司刊物上發表表揚文章、公布於優秀員工光榮榜等方法，也都可以提高人們對工作的自豪感。

尊重需求或稱爲自尊需求（self-esteem needs），係指獲取並維護個人自尊心的一切；也就是要追求自我的價值感、被認知、社會地位及成就感等。

自我尊重與重視受到他人的尊敬、受到他人對自己的成就或威望的肯定等；而這些就是說：那是個人對信心、價值感和勝任能力的需求，而那也是要自尊並獲得他人尊敬與讚美的需求。

馬斯洛研究精神上受到傷害，而喪失自信心的個人事例，他相信對於健康的個體而言，自信是以真正的實力爲基礎，而不是以想像爲基礎，也就是並非空泛與作夢。

由馬斯洛的理論來看，如此就能夠解釋爲什麼有不錯收入的人，而在其職位上也是安全的，而且還有着良好的社會關係的員工，他仍然會感到不滿足現象。

那麼，到底有哪些特徵，是缺乏尊重需求的現象呢?這是可以說，對於缺乏尊重需求的人，他就會變得很愛面子或是很積極地利用行動來讓別人認同自己的存在，而且他也很容易被自己的虛榮心所迷惑。例如：他會利用暴力來證明自己的強悍性格；或者他會努力的讀書，而讓自己成爲醫生、律師，來證明自己的存在價值。或者他會爲自己的名利而努力賺錢或行善捐款。

　　5.認知的需求（need to know），係指對己、對人、對事物的變化，有所理解的需求。或者說，是對知識、瞭解和新奇的需求；而其中的認識需求是基本的。例如：當一個人對真理不能滿足時，他就可能會對世界抱有一種不可知論、懷疑的、玩世不恭的態度。

　　6.審美的需求（aesthetic needs），係指追求真、善、美的需求；亦即係對秩序及美的需求。

　　這種需求，也是欣賞美好事物並希望周遭事物，會是有秩序、有結構、能順乎自然、能依循真理等的心理需求。

　　而當一個人對美的需求得不到滿足時，那麼他就可能會形成為一種粗俗的、不當的、有失風雅的行為。

　　7.自我實現需求，係指實現個人的理想、抱負，發揮個人的能力以達到最大程度，完成與自己能力相稱的一切事情的需求。也就是說，是人人必須做稱職的工作，才會使他們感到最大的快樂。

　　而其最終目標是自我實現或是發揮潛能，而此亦係指在精神上臻於「真善美合一」的人生境界的需求。而此亦是指個人其他的所有需求或理想，在其全部實現以後的最終需求，而那種需求是一種衍生性需求。馬斯洛提出，為滿足自我實現需求所採取的途徑是因人而異的，而自我實現需求就是在努力實現自己的潛能，而使得自己越來越成為自己所期望的人物。

　　而已達到自我實現境界的人，他是會接受自己也會接受他人的。具有自我實現能力的人，其解決問題的能力會增強，自覺性也提高，善於獨立處事，也會要求不受他人打擾地獨處。

　　要滿足這種盡量發揮自己才能的需求，他應該已在某個時刻，部份地滿足其他的需求。

　　當然具有自我實現的人，他可能會過分關注到這種最高層次需求的滿足，以致於自覺或不自覺地放棄滿足其他較低層次的需求。

　　自我實現需求佔據支配地位的人，他會受到激勵，而在其工作中運用最富於創造性和建設性的技巧去處理。

　　重視這種自我實現需求的管理者，他會認識到，無論是哪一種工作都可以進行創新，而且其創造性並非管理人員所獨有，而是每個人都期望能擁有的。

　　管理者對強調自我實現需求的人，為使其工作更是具有意義性，他們會在設計工作時，考慮運用適應複雜情況的策略，他們會給身懷絕技的人委派特別任務，以利施展其智慧長才；或者在設計工作程序和制定執行計劃時，為員工群體留有彈性與餘地。

　　馬斯洛認為最適任的領袖人選，應是最為有能力解決問題、達成任務的人。而所謂優秀領導人，他必須要專注於客觀環境條件，而不能太在意部屬的感覺。領導人必須要勇於說「不」，也要有果斷力及必要時會抗爭的勇氣。而當環境惡劣時，領導人必須採取強硬態度，他絕不能輕易讓步。

　　馬斯洛認為，在社會上有太多的人喜歡安撫、討好別人。他們那些人會極力避免衝突與反抗，而其手腕靈活又會不斷妥協，而且當大多數人反對他時，他就會退縮而不再堅持原來正確的決定了。他說：「有這種性格的人，就像佛洛伊德所稱的是被閹割的男人了，他也像一隻寵物狗一樣，總

是會努力搖尾乞憐以討好主人，即使被攻擊時也不敢反抗。」馬斯洛如此坦率批評，那真是至情至性之言。

馬斯洛在研究這一層次的人類需求時，他採用了 21 位成功人士的自傳和文稿，他通過對這些文字作品的研究來得到這些成功人士本人的需求特徵。但是這種研究方式，嚴重受限於作者本人的性情和偏見，是較缺乏以客觀數據來支持論證的，因此馬斯洛在自我實現需求這一層次的結論上，仍未被某些科學界所盲目接受。

對具有自我實現需求的人，他也是會充實自我、持續成長與學習、不斷的創新、積極實現潛能，並擁有有意義的目標，和有理想、有創造力和信念的需求。

後來，馬斯洛又認為，具有自我實現需求的人，他會追求卓越的人格，而那是人類本質的、共同的屬性。而消極的情緒和其心理特徵，就是人們追求卓越的阻礙和曲解。因此，他對人類這種經驗或者是「巔峰」經歷的興趣，就越來越是濃厚，所以馬斯洛開始探索自我實現是否只是一個短暫現象而已。

馬斯洛認為自我實現需求，那是最高層次的需求，它是指實現個人的理想、抱負，發揮個人的能力，而達到最大的程度，完成與自己能力相稱的一切事情的需求。而這也是他個人有追求成長的需求，他能將其潛能完全發揮出來，而且其人格的各部分是協調而一致的。

換句話說，人人必須做稱職的工作，他才會感到最大快樂；如果超過其能力，他會感到壓力太大，而如果工作又太輕鬆容易，他又會感到太無聊、太沒意義與不受肯定與尊重，

沒有發揮所長的機會。

　　自我實現是人的天賦、能力、潛力的充分開拓和利用，是使命的完成，也是個人自身內在價值更充分地把握和認可的狀態。也是朝著個人自身中的統一、完整和協同的一種不間斷的傾向，而其目的是在使人得到充分的發展和人格臻於完美性，而最後達到自我實現的境界。

　　人們一般都會渴望別人認識到自己的存在（比如記得名字），他們會痛恨被分類、被貼上標籤。他們也會希望他人能夠認識並接受完整且豐富而又複雜的自我。

　　而那個「自我實現」，是個人力量的充分展現，係以完整方式來呈現自己，讓個人具有獨特性及完美性格，而且又能超越自我，展現其高尚人格並實現自我潛能。

　　而且如果他能成為一個完美的人，那麼他才能成為一個真正的自己。馬斯洛提出過，為了滿足「自我實現」的需求，每個人所採取的途徑是因人而異的。那些具有「自我實現」需求的人，他們是在努力實現自己的潛力，而希望能使自己越來越成為自己所期望的人物。要滿足這種儘量發揮自己才能的需求，他應該已在某個時刻裡部分的滿足了其它的需求。

　　當然啦，自我實現的人，他也可能會過分要求這種最高層次的滿足，以至於自覺或不自覺地放棄滿足那些其他較低層次的需求了。

　　而當那具有「自我實現」需求的人，他為具有支配地位的人時，他也會受到激勵而在工作中去運用到他那最富於創造性和建設性的技巧了。

　　所謂自我實現的價值，就是在於實現生命力。人有了生

命力，才會快樂的。商人以賺錢、花錢爲樂，而企業家則以創造更大價值爲樂，而商人則一直是待在馬斯洛需求最底層，是沉迷於其生理需求的人；而企業家則是待在馬斯洛需求金字塔頂端的人，而實現人世間自我價值的最大化者。所以，商人與企業家的差別所在，就在於兩者間價值觀的不同，以及價值觀背後對原始需求的提升。

五、馬斯洛對希望臻於自我實現者的建議

（一）把自己的感情出口放寬放大一些，莫使自己的心胸像個瓶頸一般的瘦小，而很難有紓解管道。

（二）在任何不利的情境當中，都要嘗試從積極樂觀的角度去看待問題，並從長遠利害關係做出決定。

（三）對生活環境中的一切，要多欣賞、少抱怨；有不如意之處，就要設法改善；坐而空談，不如起而實行來得有意義。

（四）設定積極而有可行性的生活目標，然後全力以赴的追求其實現；但不能期望未來的結果一定不會有失敗。

（五）對是非之爭辯，只要自己認清是在真理正義之所在，縱使違反眾議，也應挺身而出，站在真理正義這邊，堅持奮鬥到底。

（六）莫使自己的生活僵化，應讓自己在思想與行動上，能妥爲留下一點彈性空間，而且要偶爾放鬆一下自己的身心，調劑一下心情，而那將有助於自己潛力的充分發揮。

（七）與人坦率相處，讓別人看見你的長處和缺處，也

讓別人分享你的快樂與痛苦經驗。

　　以上都是以五個需求層次來解說「自我實現需求」的意義所在；但是，如果是以七個需求層次來解說，則該最高層次的需求就為他晚年所研究的「超越人本主義」或「後人本主義」或「超越性人格理論」了。而那也就是馬斯洛對東方文化的研究，促使他反思自己已經創建的人性觀，也結合了他對具自我實現的人的精神生活與行為方式的深入研究。他發現在人類天性中，還有一種比「自我實現」更高的追求目標，那就是作為最高需要層次的「精神上的自我實現」或「超越的自我實現」。在最早期裡，馬斯洛給這種心理學取名為「超人本心理學（transhumanistic psychology）」或「超個人心理學（transpersonal psychology）」。馬斯洛並且在 1967年時，他就在學術界公開宣稱這種新心理學及其刊物的誕生了。

　　而在 1969 年，馬斯洛雖因心臟病的發作，而大幅度減少其工作量時，他仍然為《超個人心理學雜誌》創刊號提供兩篇文章：〈人性能達的境界〉和〈超越的種種含義〉。

　　那時，他說第三勢力心理學應該逐漸讓位給第四勢力心理學，而第四勢力心理學是著眼於超越性的經驗和價值。根據馬斯洛晚年思想，他原在 1954 年所提出著名的需求層次理論也應該是要進行修正的時候了。而那就是在說，在自我實現需求上，還會有一種超越性需求或超越自我實現的需求存在著，所以那就是七個需求層次，而不單單只是五個需求層次。而這一來，那個最高層次的需求就不是「自我實現」，而是「超越自我實現」的了。

六、需求層次激勵力量

人都潛藏著七種不同層次的需求，但在不同時期裡，所會表現出來的各種需求的迫切程度是不相同的。對於那些最迫切需求，才是激勵人行動的主因和動力。

人的需求是從外部得來的滿足，而逐漸的向內在得到的滿足而去轉化的。那些屬於低層次的需求，在基本上得到了滿足以後，它的激勵作用就會降低，而其優勢地位也將不再保持。此時，其他較高層次需求也會取代它，而成為推動行為的主要原動力來源。

有的需求一經滿足，便不能成為激發人們行為的誘因，於是就被其他的需求所取代。

一般來說，高層次需求比低層次需求具有更大價值性。而那些熱切追求的熱情，是由高層次需求所激發。亦即人的最高需求即是自我實現的需求，也就是以最有效和最完整的方式，來表現自己潛力的所在，並由此而才能夠使人得到高峰體驗。

七、高峰體驗

人的七種基本需求，在一般人身上，往往是無意識的。但對個體本身來說，無意識動機卻來得比有意識動機更為重要。

對於有豐富經驗的人來說，通過適當技巧就可以把無意識需求轉變為有意識需求。

　　馬斯洛還這麼認為：在自我實現的創造性過程中，會產生出一種所謂「高峰體驗」的情境，這時是此人處於最激盪人心的時刻，也是人存在的最高、最完美、最和諧的狀態，而這時候的人也會具有一種欣喜若狂、如醉如痴、快樂銷魂的感覺。

　　任何一種需求，都不會因為有更高層次需求的發展而完全消失。而且，各層次需求是相互依賴和重疊的，在高層次需求發展以後，低層次需求仍然會繼續存在，只是對行為的影響程度大減而已。

　　馬斯洛和其他的行為科學家們，都認為一個國家多數人需求層次的結構，就是與這個國家的經濟發展水平、科技發展水平、文化和人民受教育的程度有直接關聯的。而在那些不發達的國家裡，其人民的生理需求和安全需求會占據主導地位的人數比例會較大，而高級需求占據主導地位的人數比例會較為小；而在那些發達的國家裡，其情況則剛好相反。

　　而在同一個國家的不同時期裡，人的需求層次，也會隨著生產水平的變化而變化。

　　根據馬斯洛的需求層次理論，那些對其個人的人格，獲得充分發展的理想境界，就是自我實現（self actualization）的境界了。而自我實現就是人性本質的終極目的，也就是個人潛力可以得到充分發展的境界。

　　馬斯洛在去世前一年（1969），他發表一篇叫「Theory Z」的文章，他反省原先他所發展出來的需求理論 —— X 理論（包括 1.生理的需求 2.安全的需求 3.愛與隸屬的需求 4.受人尊重的需求）、Y 理論（5.自我實現的需求）以外，並增加 Z 理

論，亦即提出第七階段的「最高需求」。

　　他曾用不同字眼，來描述這新加入的最高需求，諸如超個人、超越、靈性、超人性、超越自我、神秘的、有道的、超人本、天人合一、以及「超自我實現」、「高峰體驗」、「高原體驗」等都屬於這一層次。

　　而所謂的「超自我實現」，這是馬斯洛晚期所提出來的。這是說：當一個人的心理狀態，在能充分滿足自我實現需求時，所出現短暫的「高峰體驗」。

　　對於這種「高峰體驗」，那通常都是在執行或完成一件事情時，才能深刻體驗到這樣的感覺，而且還常常都是出現在藝術家或音樂家身上而發生的。例如：一位音樂家在演奏音樂時，他所感受到的那股「忘我」的體驗。而當一位藝術家在畫圖時，他是感受不到時間的消逝，他只會沈醉在自我創作之中而去奔馳；而當他在畫圖時的每一分鐘裡，對他來說，那是跟一秒鐘一樣快速，但他的那每一秒鐘，卻活得比一個禮拜還要充實一些。

八、需求層次相互關係和特點

　　根據馬斯洛的解釋，各種需求層次間存有以下的關係和特點。需求層次愈高時，其社會價值也越大，而且也越少自私性。而其自由創造和自我實現，就是需求層次結構中的最高需求了。

　　（一）七個層次需求分兩大類，較低前四層次稱為基本需求（basic needs）。基本需求有其共同性質，係因生理或

心理有欠缺而產生，又稱匱乏性需求（deficiency needs）。

而較高後三層次，稱成長需求或後需求（growth needs），屬超越性動機，它不是力求彌補欠缺，而是要發展潛能和認識世界；它不是要減少緊張，而是要通過新的生活挑戰性的活動，以增加緊張性。

只有高級需求的滿足，才能產生令人滿意的主觀效果；亦即只有高級需求滿足，才能使人產生更爲深刻的幸福感和內部生活的豐富感。

（二）各層次需求不但有高低之分，而且還有前後順序之別。這七種需求是可以分爲高、低兩級的，而其中的生理需求、安全需求和感情需求等，都是屬於較低一級的需求，只要通過外部條件，就可以滿足了。但是，對尊重需求和自我實現需求來說，那就是高級需求了。對於那種需求，那是需要通過內部因素才能得到的滿足，而且一個人對尊重和自我實現需求，都是無止境的。

在同一個時期裡，一個人可能有幾種需求同時存在著；但在每一個時期裡，總會有一種需求占據支配地位，是他極欲對之滿足的，而此種現象，也將對他的行爲起了決定性作用。

一般來說，當某一層次的需求相對滿足了，那就會向高一層次發展；而追求更高一層次的需求，就成爲驅使其行爲的動力了，同樣的，獲得基本滿足的需求以後，它就不再會是一股激勵力量了。

雖然是說，只有低一層次的需求獲得滿足，才會產生高一層次的需求；但仍然有可能會發生意外狀況。也就是說：

那七種需求就像是階梯，是從低層次而到高層次，而按其層次逐級遞升而上的。但是，這樣的次序並不是可以具有完全固定性的，而是可以變化的，也可以有例外的情況出現的。例如：具有創造性的人，對其創造的驅動力，是看得比對其他任何的需求，都要來得更為強烈；也另有一些人的價值觀和理想是如此強烈的，以至於寧死也不願意放棄其價值觀和理想。

　　（三）較高層次需求是後來才發展的，那就像生物的進化一樣。

　　（四）需求層次愈高，其完全存在的可能性就愈低；而其高層次需求的強度也會較薄弱，同時，這種需求是很容易會消失掉的，而其相伴隨而來的報酬延遲也就較為沒有關係了。

　　（五）生活在高需求層次的人，意味著其物質性的事物是較為充分的，且較為長壽，較少生病，而又睡得較好的，而且其胃口也會較佳。

　　（六）高層次需求所獲得的滿足，是較為主觀性的，如非常幸福、心情十分平靜、內在生活非常富裕等。

　　（七）當個人的環境（經濟、教育等）較好時，個人會較容易滿足其高層次的需求。

　　（八）當個人滿足其高層次需求以後，個人就愈可能接近自我實現目標。

九、需求層次理論之價值評估

　　馬斯洛的理論，就像其他的理論一樣，也會有爭議，也

會有弱點和力量薄弱的所在。

　　人本主義心理學理論，對人雖看得到其積極和善良的人性與自由的意志。而這理論的確也與佛洛伊德的生物進化論成對比，它關注到的是人類行為和心理是密切相關的。

　　而另有一個重點，那就是人本主義心理學理論是適用於其他許多學派的思想的，例如，精神治療師有時可以運用這一套理論，在會話時與病人用較為積極性的語氣，去鼓勵開發那些憂鬱症患者，使其內心趨向於平和與積極。

　　馬斯洛需求層次理論也可以廣泛應用於許多學科的學習上，比如在金融、經濟學或甚至在歷史或犯罪學方面。但是，馬斯洛理論似乎也還缺乏幾個方面，比如開發精神治療具體問題等。而這個理論，似乎仍然無法對有嚴重精神障礙的人，可以去適用的，對某些人來說，他們仍是不相信人心原本會是善良的，或生活的根本意義是美好的。

　　馬斯洛需求層次理論的價值，目前在國內外尚有各種不同說法。有人認為，馬斯洛的觀點是跨世紀智慧結晶，雖然他推崇人性化管理，卻不過分強調僵化的民主教條。

　　另有人認為，馬斯洛並不是先知，他只是一個誠實的心理學家，他的偉大就在於他有勇氣不斷質疑傳統智慧。而「馬斯洛是一個非常熱愛『人』的心理學家，他所寫的東西，只是憑藉他自己的感覺而已，卻沒有用到任何的研究方法，因此他也經常受到外界的惡意批評，說他是『沒那麼的心理學』、『不客觀』、『不夠專業』等的；但是『專業』並不能幫助人們找到自己生命的希望！」而他只是以一般人為研究對象，而探索人性的真實面目而已。

　　馬斯洛對人類的潛能，是抱持著宗教似的崇拜：他認為人類主要的任務，就是成為最好的自己，因為沒有人會與你競爭。而這觀點，對人心的鼓舞來說，是如此的鉅大。在《馬斯洛談管理》（Maslow on Management），這本原為馬斯洛很早期所寫的《夏日筆記》（Summer Notes），仍然蘊含著許多超越時空的智慧，也依然很有遠見，充滿智慧之光。

　　惟若以絕對的肯定或絕對的否定來看馬斯洛的理論，那也都是不恰當的。

　　（一）馬斯洛從人的需求出發，來探索人的激勵和研究人的行為，他抓住問題的關鍵點所在。

　　馬斯洛提出人的需求，有一個從低級趨向高級發展的過程，這在某種程度上是符合人類需求發展的一般規律。一個人從出生到成年，其需求發展過程，基本上是按照馬斯洛所提出的需求層次理論而進行的。

　　當然啦，關於自我實現是否能作為每個人的最高需求，目前仍相當有爭議。但他提出的，需求是由低級趨向高級而發展的趨勢，那是無可置疑的。因此，需求層次理論對企業管理者來說，那就是對要如何有效的發動人的積極性，是有其啟發作用的。

　　（二）需求的歸類可能會重疊。（這在馬斯洛的研究發表當中，他也有提出類似觀點。而那就是一個人對性慾的要求，不僅單是性慾的滿足，有時也可能包括尊重與安全感的需求）。馬斯洛的需求層次理論只注意到個人的各種需求間存在著縱向聯繫，他忽視個人在同一時間內，往往也存在著其他許多種的需求，而這些所有的需求又偶而會互相矛盾，

並進而導致在其動機間就產生鬥爭。

（三）缺少學術的研究，以支持該理論的有效性。

（四）片面強調個人內在價值的實現，而忽視社會理想對人的積極性作用。

（五）把人的需求，看作是自然的稟賦。

（六）對潛意識探討的匱乏，使這種論述顯得不甚完整。

（七）並沒有估計到，在某一些需求實現中所受到的挫折，有時反而也可能是激起藝術家產生創造動機。

（八）馬斯洛過分強調遺傳在人發展中的作用，他認為人的價值就是一種先天潛能，而人的自我實現就是這種先天潛能的自然成熟過程，社會的影響反而束縛一個人的自我實現。但是，這種觀點卻是過分強調遺傳的影響力，而忽視社會生活條件對先天潛能的制約作用。

（九）馬斯洛的需求層次理論，帶有一定的機械主義色彩。馬斯洛一方面提出人類需求發展的一般趨勢；而另方面，他又在一定程度上把這種需求層次看成是固定程式，看成是一種機械性的上升運動，而忽視人的主觀變動性，忽視通過思想教育，也可以改變需求層次的主次關係。

馬斯洛的需求層次理論，提到人的滿足需求是階梯式的，那是一個需求滿足以後再追求下一個需求的程序。只是人的需求似難如此強烈劃分。

對此，Douglas T Hall 和 Khalil Nougaim 曾做過五年的相關研究後稱，並沒有足夠證據顯示，證明需求是有層次性的。而證之現實狀況，隨著主管人員的升遷，他們的生理需求和安全需求在重要程度上是會有逐漸減少的傾向，而對歸屬需

求、尊重需求、自我實現的需求，則又會有增強傾向。此種
需求層次的提高，那是職位上升的結果；而不是低級層次需
求得到滿足以後所產生的。

換句話說，需求並沒有層次之分。例如：性騷擾這種低
級趣味生理需求，在總統、CEO 等高級人物身上，也不乏實
例。可見，需求層次理論，只不過是爲基於需求的經濟理論，
而披上「理性」的外衣而已。

十、需求層次理論推介道家思想的啓示

儘管人本心理學和超個人心理學理論，還有些有待改善
的地方，而馬斯洛、羅傑斯等人對道家思想的理解也未必十
分準確，而對道家思想精華所在的瞭解，也是相當有限；但
在他們的努力之下，道家哲學才能夠成功地走進現代西方人
的生活世界裡，而這個文化現象卻是意味深長的，它給予我
們諸多啓示，如下：

(一)馬斯洛、羅傑斯等人的人性思想，明顯折射道家思
想色彩，而此種現象與西方傳統觀點顯然是相違悖逆的。在
馬斯洛的《基本需要的類似本能性質》和羅傑斯的《我的人
際關係哲學及其形成》等論文當中，他們均指斥將人性解釋
爲「惡」的動物性，而認爲那個「西方文明已普遍相信」之
觀點；其實，僅只是片面性。

道家哲學乃至於中國哲學，是具有超越時空的獨特智慧
和現實普適價值存在著，此除了應從哲學史、思想史、倫理
學、政治學等角度，對其進行理論探討以外；還應從其生活

層面去闡釋發揮那些「順應自然、和諧有度、抱樸守真、少私寡欲」等思想內涵，而在心理保健、人格發展、精神超越等方面的功能和價值所在。

人本心理學家在理論和實踐方面的成功嘗試，亦向人們昭示：中國哲學具有融通東西方文化，並且具有進行現代化轉換的可能性和現實性，而此對人類的安身立命和文化發展，是具有相當重要的普適價值。

而從一定意義來說，上述的思想就頗似道家自然的人性論的現代翻版了。

不過，與道家注重個人心性修養的內在超越型模式有所不同的是，馬斯洛等人肯定了良好環境對保持、發展本性的積極作用，故亦強調其社會改革的重要性。

馬斯洛後來還認識到人本心理學，原先簡單地用生物機體或遺傳天性來解釋人性，以及「人性本善」的論述，在概念上的模糊不清。而在馬斯洛去世的前幾週，他還指出人性會依環境不同而表現出善心的，或者是心理病態和醜惡的行為。他並力圖探明在何種良好條件下，會有助於人們表現出利他、友善、誠實、仁慈等的高級本性，從而糾正人本心理學忽視社會環境和社會實踐，而對現實人性的形成和發展之重要意義的偏頗所在了。

(二)在深入瞭解到自身文化的基礎上，去吸收異質文化之長處。人本心理學家超越自身文化傳統的限制，而拋棄西方文化中心論和文化霸權主義，並以一種平等、謙遜態度，和兼收並蓄的開放胸襟，來理解和吸收非西方文化資源。

而他們在對道家的服膺和吸納，又是以深切地瞭解到自

身文化和心理學發展的歷史和現狀爲之，並揚棄存在主義、現象學和納金斯、佛洛德等人的思想爲前提。

　　而這也啓示我們能否有效地吸取異質文化的菁華所在，那是取決於對自身文化傳統和現實狀況的認識和把握爲基礎。所以那是需要深刻瞭解到自己，方能更清醒地知彼學彼，而有針對性地截長補短。

　　(三)超越二歧式思維方式，而整合多種學派和方法，特別是整合東西方的文化精華，不僅是可能，而且是必要。

　　科學研究的途徑、方法是多樣性的。而科學的真理，具有整合性；雖然東西方文化確實存在著不同的價值理念和話語系統，然仍各有其優缺點存在。所以仍然具有相互融會、補充的潛質和可能性存在，而由於東西方社會的相互理解、溝通、互動，也才能夠創造出更完美的新文化。

　　而能否將這種可能性化爲現實，讓那些潛質發展成爲顯態，其關鍵點還在於作爲文化創造主體的人，亦即在於其自身是否能採取兼收博採的明智態度和正確合理的方法。

　　人本主義心理學家，從西方的機械主義心理學盲目的照搬自然科學的還原論方法，而導致以「人」爲研究對象的心理學在那種偏離健康軌道的失誤，而認識到必須放棄二歧式思維，以超越非此即彼或排斥異己，並要轉而接受「整合一統的、協同一致的思維」。

　　馬斯洛、羅傑斯等人本主義心理學家，也坦言那些學院派的心理學，是過度局限於西方文化，實在需要汲取東方的資源，如道教、佛教對今日西方具有如此重要性，而努力吸收異質文化，並積極整合多種學派，在融通東西方文化方面

邁出可貴的一步，並向世人展示東西方文化的融會、互補的燦爛曙光的出現。

(四)不斷改進和發展已有理論，有選擇性地吸收前人的思想菁華並加以現代化詮釋。

人本心理學家不僅超越西方流行的，關於「各種原罪、人類墮落和本性邪惡的說法」，而且又突破人本學派原先只注重從生物學的基礎，而靜態地認識到人性的偏頗立場，進而認識到人性善惡與社會環境和文化因素的密切聯繫，因而強調人性的動態發展。

同時，鑒於 60 年代美國社會那種自戀型文化現狀，以及人本思潮過度強調自我的個體性，而導致自戀症、自我中心等弊端猖獗現象。馬斯洛、羅傑斯等人能及時認識到人本理論的缺陷，並吸收道家等東方智慧而予以修正，從而由人本心理學去開啓超個人心理學的新發展方向。

人本心理學家對於道家思想的吸收，是要經過改造或選擇的了，而馬斯洛就強調說，應該「以一種『美國式的道家』為指導」的原則。

馬斯洛在《談談高峰體驗》中指出，一個人要想創造，要想進行深邃的思索探討和理論的研究，要想保持良好的人際關係，就必須將道家的順應自然、不加予控制、謙恭、信賴、鬆弛與堅定、頑強、固執、戒備、警惕、氣盛、好勝等，這「兩個不同方面的特點和能力恰當地結合在一起」。

馬斯洛他對於自然無為等的思想，也並非盲目的崇拜或照搬，而是結合了實踐中所出現的放任自由等弊病，而指出其可能產生的問題所在。這種對外來文化所保持的清醒審慎

態度，毫無疑問是很明智的作為。

(五)注重理論與實踐的互動。

人本心理學家一方面充分認識到哲學理論對具體科學的指導和推動作用，及時覺察到鄙薄哲學理論的錯誤傾向，而導致心理學日益陷入困境，故而能強調哲學理論對心理學指導性的重要。

而東西方哲學的智慧，也啟迪他們開闢心理學研究的新天地。

而將這些新理論成果，運用於心理諮詢和心理治療的實踐上，此又促進美國在教育領域和管理領域上的重大改革。

而就另一方面，在他們的實證研究和應用研究當中，又驗證和推動理論的完善和發展。而在這個重視實用性而輕忽理論性，又認為哲學是無用論的觀點，充斥於世的當代社會裡，這些富有創造性的探索，不也令人振聾發聵嗎？

馬斯洛需求層次理論，提到人的需求滿足是階梯式，是一個需求滿足後再追求下一個需求。只是，我們並不覺得人的需求有著如此強烈的界限劃分，並認為所謂的需求與滿足，那只是來自於個體自身的價值觀而已。

所以說，平凡人的自我實現是根據其自身價值觀定義的。而遵從世俗價值觀的人卻沒有辦法用這種價值標準來衡量出平凡人的自我實現。所以，這恰恰證明自我實現是一個更高層級的需求，只有通過其個體的內在行為才能滿足，而非由外在條件即可完成。

參考資料：

1.李安德《超個人心理學》若水譯

2.http://www.nhu.edu.tw/~jai/psy/maslow.htm

3.http://www.souland.com/gurdjieff/psy/maslow3.html

4.學習加油站—教育 Wiki：游恆山編譯〈心理:學〉

5.《健康的性格》廖閱鵬老師官方網站

6.〈徐強教授談馬斯洛「自我實現」〉：長榮大學電子報校
　園記者邱柏豪 http://www.im.tv/blog/1692418/1170693

7.中南大學哲學系責任編輯：羅傳芳

8.〈試論道家哲學對人本心理學的影響 —— 兼論中國哲學的
　普適價值及東西方文化的融會互補〉呂錫琛

9.美國心理學家"馬斯洛"的資料
　http://home.kimo.com.tw/erotant/erotant_maslow.html

10.馬斯洛的人類動機理論　劉文瑞 李紅利

11.馬斯羅（Maslow）之人文主義思想及其對學校教育之啟示
　http://www.stu 6.nknu.edu.tw/~19651019/report/west/hang.doc

12.張光甫（2003）。教育哲學 —— 中西哲學的觀點。台北：
　雙葉書廊。

13.張春興（2006）。教育心理學。台北：東華書局。

14.莊耀嘉（1982）。人本心理學之父 —— 馬斯羅。台北：允
　晨文化。

15.zh.wikipedia.org/zh-tw/

16.wiki.mbalib.com/zh-tw/

17.www.chinesechristiandiscernment.net/psychologists/Maslow
　_Abraham.htm

18. tw.myblog.yahoo.com/jw!MVDueH.GERpsnof5Y8O0ew--/a rticle?mid=21

19. tw.knowledge.yahoo.com/question/question?qid=100806161 0257－

20. tw.knowledge.yahoo.com/question/question?qid=120508070 5065－

21. mypaper.pchome.com.tw/aivanlee/post/1307790133－

22. content.edu.tw/wiki/index.php/馬斯洛（A._Maslow）_需求論－

23. el.mdu.edu.tw/datacos/09613213001A/Information%20for%202nd%20Quiz.ppt－

24. psychologicalcounselingpsychotherapy.com/馬斯洛－

25. www.souland.com/souland/psy/maslow1.html -

26. www.teacher.aedocenter.com/mywebB/NewBook-2/FA-02.h tm－

27. teacher.aedocenter.com/mywebB/NewBook/u-07.htm－

28. www.zwbk.org/zh-tw/Lemma_Show/116605.aspx -

29. home.ied.edu.hk/~ylli/html/reference_p1.htm -

30. home.kimo.com.tw/erotant/erotant_maslow.html

31. srliao.ie.nthu.edu.tw/life/case1.html

我的寫作成果（代後記）

　　我的一生，最讓我高興的就是寫文章或者做學問的研究工作了。而那也是我所唯一能掌握的事；至於其他的事，很多都要受制於他人或外界環境的了，並不是我所能完全掌控的。

　　我把我歷年來完成的筆墨生活的點滴成果，分爲詩、散文、小說、兒童文學、賞析評論與文論等六大類；其中前四大類較偏於抒情，而後二大類則偏於說理、論說的了。雖然其中的小說與兒童文學並未出土面世，然其他的文類都已有幾本的成績了，此種情景讓我自是很欣慰。

　　我已完成的著作：在詩集方面，有 1975 年《異種的企求》、2011 年《鞋底·鞋面》、2012 年《森林、節能減碳與土地倫理》；在散文集方面，有 2011 年《麻雀情及其他》及 2012 年《南部風情及其他》。而在賞析評論方面，則有 2012 年《賞析詩作評論集》及《賞析詩作評論集（二）》；而文論集則有 2012 年的《人生自是有路癡》等，合共八本了。

　　上項書籍，其中 1975 年《異種的企求》係由巨人出版；而 2011 年《鞋底·鞋面》、《麻雀情及其他》及 2012 年《南部風情及其他》則由釀出版。至於 2012 年《森林、節能減碳與土地倫理》、《賞析詩作評論集》、《賞析詩作評論集（二）》及《人生自是有路癡》則係由文史哲出版。

　　對於有這樣的成果，我仍然要不厭其煩的，再次感謝我內子的縱容。沒有她的容忍，我無以竟其功。

趙迺定 謹誌

2013.01.08